WISSENSCHAFTSSPRACHE VERSTEHEN

Wortschatz • Grammatik • Stil • Lesestrategien

INHALT

A STUDIEREN AN DEUTSCHEN HOCHSCHULEN 11

Ankommen an der Hochschule 12

1 Akademische Willkommenskultur . . . 12
2 Hochschulvokabular . . . 14
3 Das Studium organisieren: Ämter und Service-Einrichtungen . . . 15
4 Beratungsangebote . . . 16

Kulturspezifik von Kommunikation 18

1 Eine verunglückte Begegnung . . . 18
2 Soziale Kontexte und Kultur-Skripte . . . 18
3 Formelle Kommunikation an deutschen Hochschulen . . . 20
4 Interkulturelle Verständigung . . . 21

Die Spielregeln des Hochschulsystems verstehen 22

1 Prestige, Unsicherheit, Konkurrenz und Abhängigkeit . . . 22
2 Der akademische Bluff . . . 24
3 Selbstbehauptung . . . 25

Das eigene Lernen reflektieren – Autonomes Lernen 26

1 Lernkulturen . . . 27
2 Indirekte Lernstrategien . . . 28

E-Mails schreiben 30

1 Anreden und Grußformeln . . . 30
2 Akademische Titel und Amtsbezeichnungen in der Anrede . . . 31
3 Der korrekte Stil . . . 32
4 Groß- und Kleinschreibung sowie Zeichensetzung . . . 33
5 Netiquette . . . 34
6 Sprachhandlungen . . . 35

Tabufrage, Test, Projekt 36

B DIE ALLTÄGLICHE WISSENSCHAFTSSPRACHE 37

Die Sprache in wissenschaftlichen Texten 38

1 Schriftsprache statt Umgangssprache . . . 39
2 Fremdwörter – deutschsprachige Wörter – Fachbegriffe . . . 41
3 Die Alltägliche Wissenschaftssprache (AWS) . . . 44
4 Die versteckte Metaphorik der Alltäglichen Wissenschaftssprache . . . 46
5 Das Bildfeld des Raumes und der Bewegung . . . 48

6 Das Bildfeld des Sehens . . . 52
7 Okkasionalismen! . . . 53
8 Kollokationen. . . . 54
9 Wortbildung: Komposition . . . 58
10 Wortbildung: Ableitung. . . . 60

Wortschatzarbeit mit digitalen Korpora 62
1 Strategien der Wortschatzarbeit . . . 62
2 Digitale Wörterbücher . . . 62
3 Das Beispiel DWDS – Digitales Wörterbuch der deutschen Sprache. . . . 63

Wortschatzerwerb mittels Chunks 70
1 Was sind Chunks? . . . 71

Tabufrage, Test 72

C GRAMMATIK WISSENSCHAFTLICHER TEXTE 73

Die Lesbarkeit wissenschaftlicher Texte 74
1 Ein populärwissenschaftlicher und ein wissenschaftlicher Text im Vergleich. . . . 75

Gebote und Verbote für das wissenschaftliche Schreiben 76
1 Sachlichkeits- und Abstraktionsgebot . . . 76
2 Erzähl-, Unterhaltungs- und Affektverbot . . . 78

Wissenschaftstexten Autorität verleihen 81
1 Komplexität und Schwierigkeitsgrad . . . 81
2 Der / die Autor_in im Text . . . 81
3 Ausnahmefälle . . . 83

Sprachliche Strukturen wissenschaftlicher Texte 84
1 Das *werden*-Passiv . . . 85
2 Das *sein*-Passiv . . . 86
3 Angabe des Agens: Verwendung der Präpositionen *von* und *durch* . . . 87
4 Texte bewerten und überarbeiten . . . 88
5 Passiversatz mit modaler Bedeutung. . . . 89
6 Funktionsverbgefüge . . . 91
7 Nominalisierung . . . 94
8 Partizipialkonstruktionen. . . . 96
9 Reflexive Verben . . . 99
10 Konstruktionen mit ‚es' . . . 100
11 lassen + Infinitiv / zulassen + Nomen / erlauben + Nomen . . . 101
12 Übertragung der Handlung des Autors auf den Text (Subjektschub) . . . 101

Tabufrage, Test, Projekt 102

D WISSENSCHAFTLICHE TEXTE LESEN UND VERSTEHEN 103

Selbsttest: Ihre Lesekompetenz in Mutter- und Fremdsprache 104

Wissenschaftliche Literatur 106

1 Funktionen wissenschaftlicher Werke . . . 106
2 Literaturrecherche, -beschaffung und -dokumentation . . . 108

Lesestrategien 112

1 Leseabsichten . . . 112
2 Leseprozess. . . . 115
3 Lesestile. . . . 116
4 Lesen in der Fremdsprache . . . 117
5 Wörterbuchnutzung während des Lesens . . . 117
6 Die PQ4R-Methode . . . 120

Leseverständnis 122

1 Grammatische Strukturen . . . 123
2 Wortschatz . . . 125
3 Satzübergreifende Bezüge . . . 126
4 Metakommunikation . . . 128
5 Logische Struktur: Konnektoren . . . 130

Das Schreiben vorbereiten 133

1 Exzerpieren . . . 134
2 Zusammenfassen . . . 136

Test, Tabufrage 139
Wiederholung des Selbsttests 140

ANHANG 141

Literaturhinweise . . . 141
Bildquellenverzeichnis . . . 144

VORWORT

„Wissenschaft und wissenschaftliches Denken beginnen dort, wo ich bereit bin, meinem eigenen Denken zu trauen, es zu explizieren, auf die Meinungen anderer zu beziehen und seine Resultate in den wissenschaftlichen Diskurs einzubringen."

(Kruse 1995: 59)

Die Reihe *Deutsch für das Studium*

Hochschulen funktionieren nach eigenen Regeln. Dazu gehört auch eine spezifische Sprache. Die Reihe *Deutsch für das Studium* durchleuchtet dieses komplizierte System und macht es transparent. Die drei Bände der Reihe vermitteln Deutsch als Wissenschaftssprache ebenso wie die kulturellen Gepflogenheiten an bundesdeutschen Hochschulen und geben Antworten auf folgende Fragen: Wie funktionieren der Wissenschaftsbetrieb und die Wissensproduktion? Mit welchen Hindernissen sehen sich Studierende konfrontiert und wie können diese Schwierigkeiten überwunden werden? Die Lehrbuch-Reihe versteht sich als Beitrag dazu, den bundesdeutschen Wissenschaftsbetrieb zugänglicher für alle Studierwilligen zu gestalten, unabhängig von deren sozialer sowie kultureller Herkunft.

Deutsch für das Studium zeichnet sich durch folgende Merkmale und Besonderheiten aus:
- Konsequente Verwendung „echter" Wissenschaftstexte statt journalistischer oder populärwissenschaftlicher Texte.
- Gezielter Ausbau von bereits vorhandenen Kompetenzen.
- Leicht verständliche, kleinschrittige Anweisungen zum wissenschaftlichen Lesen und Schreiben, verbunden mit vielen Übungen.
- Interkultureller Vergleich von Wissenschaftskulturen und -sprachen.
- Aufgaben zur kritischen Auseinandersetzung mit den Schreibprodukten anderer (auch studentischer) Autoren.
- Praktische Redemittellisten, Grammatik-Übersichten, Checklisten sowie Feedback-Instrumente.

An wen richtet sich *Deutsch für das Studium?*

Die Reihe unterstützt Studierende und Promovierende, die
- Deutsch als Fremd- oder Zweitsprache (ab dem C1-Niveau) oder als Muttersprache haben,
- den Übergang von einem allgemeinsprachlichen Deutschkurs zum Fachstudium an einer deutschen Hochschule meistern wollen,
- entweder in studienbegleitenden Kursen oder alleine im Selbststudium lernen.
- Deutsch für das Studium richtet sich vorwiegend an Studierende und Promovierende aus den Geistes-, Kultur- und Gesellschaftswissenschaften, da größtenteils mit Textbeispielen aus diesen Fachbereichen gearbeitet wird.

Darüber hinaus richtet sich die Reihe an folgende Fachkräfte:

- Lehrende an Fachhochschulen, Universitäten, Studienkollegs, Volkshochschulen, Goethe-Instituten und ähnlichen Einrichtungen im In- und Ausland.
- Schreibberater_innen an Schreibzentren, die mit dem Peer-Tutoring-Ansatz arbeiten.
- Personen mit Mentoring-Aufgaben an allgemeinbildenden Schulen und Hochschulen.

Wie ist die Reihe aufgebaut?

Die Reihe Deutsch für das Studium setzt sich aus drei Bänden zusammen, jeder Band verfolgt einen anderen Schwerpunkt:
Band 1: *Wissenschaftssprache verstehen*
Band 2: Wissenschaftlich arbeiten und schreiben
Intensivtrainer zu Band 2
Band 3: Mündliche Wissenschaftssprache

Hinweise zu diesem Band

Im Vordergrund von **Band 1** steht das **Verstehen der (fremden) Wissenschaftssprache** Deutsch auf Wort-, Satz- und Textebene. Studierende lernen, wie sie sich den wissenschaftssprachlichen Wortschatz erarbeiten, sie lernen die besonderen sprachlichen Strukturen auf der Satzebene kennen und setzen sich intensiv mit der Frage auseinander, wozu sie wissenschaftliche Texte lesen und wie sie dabei am besten vorgehen.

Wissenschaftssprache verstehen können Sie sowohl chronologisch durcharbeiten, als auch nach ausgewählten Themen nutzen. Die Verweise (➔) helfen Ihnen, das erforderliche Vorwissen zu identifizieren und schnell dorthin zu finden, wo dieses Wissen vermittelt wird.

Die Mehrzahl der Übungen funktioniert für Lernende in Kursen wie für Selbstlernende. Einige Aufgaben setzen eine Kleingruppe voraus; diese sind mit dem Symbol 👥 gekennzeichnet. Wenn Deutsch nicht Ihre Muttersprache ist, sollten Sie von Anfang an mit einem guten Wörterbuch arbeiten, weil Sie in den Übungen mit einer authentischen Wissenschaftssprache konfrontiert sind.

Die Lösungen stehen unter www.klett-sprachen.de als Download bereit. Dazu den Online-Code **frfv5t3** eingeben. Als Druckfassung sind sie im Praxisleitfaden für Lehrende verfügbar. Der Leitfaden enthält neben den Lösungen ausführliche Hintergrundinformationen, nützliche Praxishinweise für die Arbeit im Kurs sowie ergänzende Übungen.

Dank

Unser besonderer Dank geht an die Teilnehmenden unserer Kurse für die Erlaubnis, ihre Texte als authentische Beispiele publizieren zu dürfen, insbesondere die Studierenden des Studienkollegs zu Berlin sowie die Promovierenden am Centre Marc Bloch Berlin; an Eva von Kügelgen für ihre schöpferischen Impulse und ihre versierte Beratung; an den Verlag für das uns entgegen gebrachte Vertrauen und die gelungene Zusammenarbeit.

Profunde Lernerfahrungen und beflügelnde Lehrerfolge wünschen Ihnen

die Autorinnen und der Verlag

Die Autorinnen

Nadja Fügert studierte Deutsch als Fremdsprache und Französistik. Seit 1999 ist sie tätig als Dozentin für Deutsch als Fremdsprache, u.a. am Studienkolleg zu Berlin, am Wissenschaftskolleg zu Berlin und am Centre Marc Bloch. Seit 2008 arbeitet sie außerdem als Autorin und Redakteurin für Deutsch als Fremdsprache. Kontakt: n.fuegert@yahoo.de.

Dr. Ulrike A. Richter studierte Empirische Kulturwissenschaft/ Europäische Ethnologie, Politikwissenschaft, Allgemeine Rhetorik sowie Gender Studies und promovierte in der Organisationssoziologie. Seit 2010 ist sie unter dem Label „Die Forscherei" als Dozentin und Beraterin an Hochschulen tätig. Kontakt: ulrike.richter@die-forscherei.de.

Abkürzungen und Lesehinweise

N	Nominativ
A	Akkusativ
D	Dativ
G	Genitiv
vgl.	vergleiche
s.	siehe
Hg.	Herausgeber

In der gesamten Reihe wurde sich bewusst gegen die Verwendung des generischen Maskulinums und für die Verwendung des sogenannten Gender Gap mit Unterstrich (Autor_in) entschieden. In Band 2 (➔ Kapitel A) werden weitere Alternativen zum generischen Maskulinum vorgestellt und diskutiert.

A

sich zurechtfinden // den Studienalltag organisieren // Kommunikationsregeln kennen // Spielregeln des Hochschulsystems verstehen // akademischen Bluff identifizieren // formal korrekte E-Mails schreiben

// ANKOMMEN UND SICH EINLEBEN //

Studieren an deutschen Hochschulen

- Mit welchen Erwartungen sind Sie zum Studieren nach Deutschland gekommen?
- Was waren Ihre ersten Erfahrungen nach Ihrer Ankunft? Ergänzen Sie die Denkblasen.

Ankommen an der Hochschule

1 Akademische Willkommenskultur

a Lesen Sie den Artikel. Warum wurden PROFIN und STIBET ins Leben gerufen?

Wer sich willkommen fühlt, integriert sich auch besser

VON ANGELIKA FRITSCHE

Der Glanz des Wirtschafts- und Technologiestandortes Deutschland lockt Jahr für Jahr Tausende talentierter und hoch motivierter junger Menschen aus allen Regionen der Welt zum Studium an deutsche Hochschulen. [...] Auf den ersten Blick ist das erfreulich für die leistungsstärkste Volkswirtschaft Europas – und ein Indiz dafür, wie international der Hochschulstandort Deutschland ist. Doch es gibt ein paar Wermutstropfen, die das positive Bild trüben: Die große Anziehungskraft verpufft oft im Nu, sobald der internationale Nachwuchs mit der deutschen Realität konfrontiert wird. „Unsere aktuelle Sozialerhebung zeigt: Internationale Studierende haben große Schwierigkeiten, Kontakt zu deutschen Kommilitonen und zur deutschen Bevölkerung herzustellen. Das ist ein großes Problem für den Studienerfolg. Wer isoliert bleibt, studiert auch nicht erfolgreich", so Achim Meyer auf der Heyde. Für den Generalsekretär des Deutschen Studentenwerks (DSW) folgt daraus: „Hochschulen sind erst dann internationalisiert, wenn die ausländischen Studierenden nicht einfach nur da sind, sondern wenn es einen echten Austausch mit ihnen gibt." Genau hier setzten die im Laufe der vergangenen zehn Jahre vom Bundesministerium für Bildung und Forschung (BMBF) und vom Auswärtigen Amt (AA) finanzierten Programme PROFIN (BMBF-Mittel) und STIBET (AA-Mittel) an. Die beiden vom Deutschen Akademischen Austauschdienst (DAAD) koordinierten Programme fördern Aktivitäten an den Hochschulen, die die Betreuung der Gaststudenten – und im Falle vom STIBET auch der internationalen Doktoranden – verbessern sollen. Im Mittelpunkt der meist von den Akademischen Auslandsämtern und den Studentenwerken entwickelten und durchgeführten STIBET- und PROFIN-Projekte stand die fachliche und soziale Integration. Entscheidend für eine gelungene Integration und den Studienerfolg ist die Ankunftsphase in Deutschland. „Studierende, die gut angekommen sind, denen die Lehr- und Lernkultur vertraut ist, die sprachliche sowie fachliche Barrieren überwunden haben, meistern ihr Studium in der Regel gut. Die Herausforderung besteht darin, diejenigen, die Probleme haben, rechtzeitig zu unterstützen, bevor sie ihr Studium abbrechen", so Janina Hertel, die im Auslandsamt der Fachhochschule Koblenz das PROFIN-Projekt ‚Integration im Fachbereich' koordiniert. [...]

(aus: DAAD 2011, S.11)

b Welche Programme gibt es an Ihrer Hochschule?

2 Hochschulvokabular

a Ordnen Sie jeder Beschreibung den passenden Begriff aus dem Schüttelkasten zu.

[AStA • Immatrikulationsamt • Dekanat • O-Woche • Kommentiertes Vorlesungsverzeichnis • Propädeutikum • Vorlesungsfreie Zeit • Fachschaft • Tutorien • Studienordnung • Handapparat • Numerus clausus • Prüfungsordnung • Credit Points]

Akademische Begriffe	
AStA	Der Allgemeine Studierendenausschuss ist ein gewähltes Gremium und vertritt die studentischen Interessen innerhalb der Hochschule.
	Auch Leistungspunkte (LP) oder ECTS-Punkte genannt. Jeder Lehrveranstaltung ist – entsprechend dem Zeitaufwand – ein LP-Wert zugeordnet.
	Jede Hochschule hat Fakultäten und Fachbereiche. Für jede Fakultät bzw. jeden Fachbereich gibt es eine Verwaltung, die Forschung und Lehre organisiert.
	Eine Gruppe von Studierenden, die sich um die Belange des Fachbereichs kümmert, z. B. Einführungswochen organisiert. Jede_r Studierende kann mitmachen.
	Eine Sammlung von Fachliteratur, die wichtig für ein Seminar ist. Steht in der Bibliothek bereit und darf nur dort benutzt werden.
	Auch ‚Studierendensekretariat' genannt. Hier schreibt man sich für ein Studium ein, um offiziell an der Hochschule studieren zu können.
	Wird vor jedem Semester veröffentlicht, enthält alle Vorlesungen und Seminare und beschreibt die Inhalte sowie die Teilnahmevoraussetzungen.
	Bezeichnet die Einschränkung der Zulassung an Hochschulen. Gibt es weniger Studienplätze als Bewerber_innen, werden Regeln formuliert, nach denen die Plätze vergeben werden.
	Steht für ‚Orientierungswoche'. Wird von den Fachschaften organisiert. Es geht darum, den Einstieg ins Studium durch Informationen und Kontakte zu erleichtern.
	Hier sind die Studienziele und die Inhalte des Studiengangs beschrieben. Häufig enthält sie auch einen Studienablaufplan, in dem geregelt ist, welche Lehrveranstaltungen und welche Module zu absolvieren sind, um die Regelstudienzeit einzuhalten.
	Begleitend zu Vorlesungen und Seminaren werden Veranstaltungen angeboten, in denen das Erlernte vertieft wird. Die Teilnehmenden können alles fragen, was sie in Vorlesung oder Seminar nicht verstanden haben.
	Auch ‚Semesterferien' genannt. Die meisten Studierenden arbeiten in dieser Zeit, z. B. schreiben sie Hausarbeiten und verdienen Geld.
	Hier sind Inhalte, Anforderungen, Zeitpunkt und Verfahren der Prüfungen geregelt. Die Studierenden erhalten dieses Dokument in dem für ihr Fach zuständigen Prüfungsamt oder online im Rahmen der Beschreibung des jeweiligen Studiengangs.
	Der Begriff ist ein Synonym für ‚Einführungsveranstaltung'. Das ist ein Kurs, der die Grundlagen eines Faches vermittelt.

b Was ist denn das? Kreuzen Sie die richtige Bedeutung an.

1. Ein Blockseminar ist
   - a eine O-Woche in einer Blockhütte im Wald.
   - b eine Lehrveranstaltung, die nicht einmal wöchentlich, sondern kompakt, z. B. an einem Wochenende, stattfindet.
   - c ein Arbeitstreffen mit besonderer Sitzordnung: Die Tische sind zu einem Quadrat geordnet.

2. Orchideenfächer sind
   - a wissenschaftliche Fachdisziplinen mit einer kleinen Anzahl Studierender und Lehrender, die es nur an wenigen Universitäten gibt, z. B. Mineralogie, Sorabistik und Altorientalistik.
   - b interdisziplinäre Forschungsgruppen, die sich seltenen Naturphänomenen widmen.
   - c Regale in Universitätsbibliotheken, in denen historisch wertvolle Schriften aufbewahrt werden.

3. Eine HiWi ist eine
   - a hinreichend qualifizierte Wissenschaftlerin; sie erhält ihren Abschluss.
   - b finanziell hilfsbedürftige Wissenschaftlerin; sie bekommt ein Stipendium.
   - c studentische (ungeprüfte) oder wissenschaftliche (geprüfte) Hilfskraft, die parallel zum Studium an der Hochschule arbeitet.

4. Die Universitätsmatrikel ist
   - a der Tresor, in dem die Gründungsurkunde der Universität aufbewahrt wird.
   - b der Plan, in dem alle Hochschuleinrichtungen alphabethisch eingetragen sind.
   - c das Verzeichnis aller Studierenden einer Universität, die darin anhand von Matrikelnummern geführt werden.

5. Unter dem Studentenwerk versteht man
   - a ein Wohngebäude, das Studierende selbst errichten, um dem Wohnungsnotstand zu begegnen.
   - b eine wohltätige Veranstaltung, die Studierende organisieren, um Spenden für finanziell hilfsbedürftige Studierende zu sammeln.
   - c jene Einrichtung, die an einer Hochschule Mensen, Wohnheime, Beratungseinrichtungen und Kindergärten betreibt.

c Was bedeuten die Abkürzungen?

c. t.:	________	SoSe:	Sommersemester
s. t.:	________	B. A.:	________
SWS:	________	M. A.:	________
ECTS:	________	NC:	________
WS:	________	KVV:	________

3 Das Studium organisieren: Ämter und Service-Einrichtungen

a Klären Sie die Begriffe ‚fristwahrend' und ‚Posteinwurf'. Was verbirgt sich hinter dieser Bitte?

Für den fristwahrenden Posteinwurf nutzen Sie bitte unseren Nachtbriefkasten.

// EIGENINITIATIVE // In Deutschland müssen die Studierenden sehr eigenständig handeln. Organisationstalent ist ebenso wichtig wie der Studieninhalt. Von Ihnen wird also viel Selbstständigkeit erwartet. Sie müssen sich selbst um Informationen kümmern. Auch für die Anmeldung zu Sprechstunden, Seminaren und Prüfungen sind Sie selbst verantwortlich.

b Finden Sie die Aufgaben der folgenden Ämter und Service-Einrichtungen heraus. Beachten Sie, dass es keine einheitlichen Bezeichnungen gibt, sondern dass sich diese von Hochschule zu Hochschule unterscheiden können. Besprechen Sie Ihre Ergebnisse mit anderen.

- Immatrikulationsamt (auch: Zulassungsbüro, Studentensekretariat oder Studierendensekretariat)
- Akademisches Auslandsamt (auch: International Office oder Welcome Center)
- Dekanat
- Bibliotheken der Hochschule und der Fachbereiche bzw. Institute
- Rechenzentrum (auch: Computer- und Medienservice)

// INTRANET // Das Intranet Ihrer Hochschule ist wichtig für die Organisation Ihres Studiums. Deshalb sollten Sie so früh wie möglich Ihre E-Mail-Adresse und den Zugang ins Intranet (Account) zur Verfügung haben. Üblicherweise werden Ihnen diese Informationen an Ihre Postanschrift geschickt. Erreicht Sie die Post nicht, fragen Sie beim Rechenzentrum nach.

c Erstellen Sie eine Checkliste für Ihre Studienplanung. Was haben Sie wo und wann zu tun?

- ☐ Immatrikulation
- ☐ Rückmeldung
- ☐ Anmeldung zu Lehrveranstaltungen
- ☐ Abgabe von Hausarbeiten
- ☐ Anmeldung zu Prüfungen
- ☐ …

4 Beratungsangebote

a Lesen Sie die Infotexte der einzelnen Stellen. Wer macht was? Notieren Sie die wichtigen Informationen.

1 International Office

Sie kommen aus dem Ausland und möchten an unserer Hochschule ein oder zwei Gastsemester studieren? Lesen Sie unsere Infobroschüre dazu.
Sie wollen ein oder zwei Semester im Ausland studieren? Wir haben Informationen über Austauschprogramme. Alle Informationen dazu finden Sie hier.
Bei Fragen erreichen Sie das International Office unter der Telefonnummer: 089 4556788

2 Tandem-Börse

Bei einem Sprachtandem treffen sich zwei Personen mit unterschiedlicher Muttersprache. Sie lernen voneinander ihre Sprachen, erfahren mehr über die Kultur ihres Gegenübers und tauschen sich über ihren Tätigkeitsbereich aus.
Finden Sie online schnell und kostenlos einen Sprachpartner / eine Sprachpartnerin für ein Sprachtandem.

3 Allgemeiner Studierendenausschuss (AStA)

Internationale Studierende haben oft besondere Probleme. Daher gibt es für internationale Studierende eine besondere Beratung vom Autonomen Referat.

Sprechzeiten
Dienstag 13:00-17:30 Uhr
E-Mail: Kahn@astabuu.de
Tel: 0421 3567809

4 Allgemeine Studienberatung

Wir unterstützen Sie im Entscheidungsprozess, bei Studienproblemen und bei der Planung Ihrer Bildungskarriere.

Offene telefonische Sprechstunde:
030 2967-6789 (Information, Beratung, Termine)
Offene persönliche Sprechstunde:
Mo. und Do. 10:00 bis 12:00 Uhr

5 Sprachenzentrum

Sprachkurse in über 20 Sprachen!
Semesterkurse, Sommerkurse, Prüfungen, Schreibtraining und -beratung.
Weitere Infos zu unserem Angebot finden Sie hier.

b Welche Probleme schildern die Studierenden? Wohin könnten sie sich wenden, um Hilfe zu erhalten?

Ich habe in der Schule Deutsch gelernt und das Deutsche Sprachdiplom absolviert. Jetzt an der FH habe ich trotzdem noch einige Probleme, alles zu verstehen. Es gibt viele Wörter, die ich noch nicht kenne, die Alltagssprache ist schnell und kompliziert. Bald muss ich meine erste Hausarbeit schreiben, davor habe ich ein bisschen Angst. So lange Texte habe ich noch nie auf Deutsch geschrieben. (Anna, 22, Polen)

Ich habe große Probleme herauszufinden, welche Lehrveranstaltungen ich eigentlich absolvieren muss. Es gibt keinen Stundenplan, ich muss alles selbst organisieren. (Yi, 20, China)

Ich bin jetzt schon ein Jahr in Deutschland. Nun möchte ich trotzdem gern noch woanders studieren, Norwegen und Schweden würden mich reizen. Aber ich weiß nicht, ob ich mein Studium einfach so für ein Semester im Ausland unterbrechen kann. Und wie ich dort eine Hochschule finde, weiß ich auch nicht. (Mary, 19, Großbritannien)

Als ich in Deutschland ankam, hatte ich so viel zu tun mit Behörden, mit der Suche nach einem Wohnheimplatz, mit der Organisation von allem, dass ich nur ganz wenig Zeit hatte, mich um das Studium zu kümmern. Jetzt habe ich die Sorge, schon viel verpasst zu haben. (Karim, 25, Libanon)

Ich finde, dass die Studierenden hier sehr viel selbstständiger sind als in Frankreich. Sie diskutieren auch mit den Professoren über deren Ansichten. So etwas würde man in Frankreich als Student nicht wagen. Ich weiß nicht, ob ich mich anpassen soll oder kann. (Jêrome, 23, Frankreich)

➔ **Lese- und Videotipps zu diesem Kapitel finden Sie online.**
(Online-Code **frfv5t3** auf www.klett-sprachen.de eingeben)

Kulturspezifik von Kommunikation

1 Eine verunglückte Begegnung

a Lesen Sie den Text. Wie fühlen sich die beiden nach ihrem Telefonat? Vermuten Sie: Was sind die Gründe für das Misslingen der Beratung?

Karolina Wróbel, aufgewachsen in Polen, studiert seit sechs Wochen an einer deutschen Universität. Sie weiß nicht, welche Leistungen von ihr in Seminaren erwartet werden. Deshalb geht sie zur Allgemeinen Studienberatung in die Sprechstunde.

Dort arbeitet Lisa Krüger, die nicht viel älter ist als Karolina. Karolina erzählt ihr ausführlich von ihren Schwierigkeiten, sich an der Uni zurechtzufinden. Nach einer Weile unterbricht Lisa sie und möchte wissen, welche konkrete Frage sie hat. Nachdem Karolina gesagt hat, dass sie nicht weiß, was sie in ihren Seminaren tun muss, um Credit Points zu bekommen, rät Lisa der Studentin, Kontakt mit ihren Dozentinnen und Dozenten aufzunehmen, um ihre Fragen zu klären.

Einige Tage später ruft Karolina Lisa an. Sie traut sich nicht, auf die Lehrkräfte zuzugehen und sie direkt anzusprechen. Von Lisa erhofft sie sich Ermutigung und Unterstützung, wie sie ihr Anliegen formulieren kann.

Während sie sagen will, worum es ihr geht, unterbricht Lisa sie: „Wie besprochen kann Ihnen da nur ihre Dozentin oder ihr Dozent weiterhelfen. Ich habe Ihnen das doch erklärt."

Karolina legt erschrocken auf, Lisa schaut kopfschüttelnd den Telefonhörer an. Später beklagt sich Lisa bei einer Kollegin: „Manche, die zu mir in die Beratung kommen, hören einfach nicht richtig zu, das finde ich sehr frustrierend." Karolina erzählt abends ihrer Mitbewohnerin von ihrem Erlebnis und meint: „Dieses Pochen auf die Regeln ist so deutsch. Liebt sie es, Leute zu ärgern?"

2 Soziale Kontexte und Kultur-Skripte

a Lesen Sie die Informationen im Kasten und notieren Sie in Ihren eigenen Worten die Begriffserklärung für ‚soziale Kontexte' und ‚Kultur-Skripte'.

// **INTERKULTURALITÄT** // Menschen gehören verschiedenen sozialen Kontexten an. Das können z. B. sein: Herkunftsfamilie, Schule, Unternehmen, Glaubensgemeinschaft, Nation. Wenn ein Film gedreht wird, gibt es ein Drehbuch, ein Skript. Im Skript stehen die Regieanweisungen. In sozialen Kontexten ist das ähnlich: Auch hier gibt es Skripte, nach denen sich die Menschen verhalten. Kultur-Skripte (bzw. „cultural scripts" vgl. Quinn / Holland [1987] und Schank / Abelson [1977]) enthalten Regeln zu Werten, Kommunikation, Zusammenleben, Ordnung und Denken sowie Weltanschauung.

SOZIALE KONTEXTE:

KULTUR-SKRIPTE:

b Im Wahrnehmen, Fühlen, Denken und Handeln von Menschen zeigen sich Kultur-Skripte. Ordnen Sie die folgenden zehn Beispiele dem jeweils passenden Bereich A bis E zu. Zu jedem Bereich gibt es zwei Beispiele. Finden Sie anschließend für jeden Bereich ein eigenes Beispiel.

1 Männer und Frauen sind gleichberechtigt.
2 Jemand hält sich nur dann an Vereinbarungen, wenn sich die Situation nicht verändert.
3 Jemand interpretiert Dinge, die passieren, als vorherbestimmt.
4 Die Jüngere küsst der Älteren die Hand und führt sie dann zur eigenen Stirn. Die Ältere bedankt sich verbal.
5 Jene älteste Frau, die Kinder zur Welt gebracht hat, ist das Oberhaupt einer Familie.
6 Einmal getroffene Vereinbarungen sind sehr wichtig.
7 Gerechtigkeit ist keine Angelegenheit der Moral, sondern des materiellen Wohlstands.
8 Die Ursache von Lebensglück ist Tüchtigkeit.
9 Menschen sind stark in einer Gruppe.
10 Der direkte Augenkontakt wird vermieden.

Kultur-Skripte enthalten Regeln zu ...	BEISPIELE aus unterschiedlichen Kulturkreisen	Eigenes Beispiel
A Werten:		
B Kommunikation:		
C Zusammenleben:		
D Ordnung und Denken:	2,	
E Weltanschauung:		

> **// KONTEXT HOCHSCHULE //** Auch jede Hochschule ist ein sozialer Kontext, in denen ein spezifisches Kultur-Skript die Wahrnehmung, das Fühlen, das Denken und das Handeln derer prägen, die sich in diesem Kontext bewegen. Dieses Kultur-Skript zu kennen, erleichtert das Ankommen, Einleben und Mitmachen.

3 Formelle Kommunikation an deutschen Hochschulen

a Wie läuft Ihrer Meinung nach die formelle Kommunikation an deutschen Hochschulen? Kreuzen Sie an.

- [ ] **Sachorientierung**
Thema und Sache sind zentral. Privates und Berufliches werden getrennt. Personen wirken im beruflichen Kontext kühl und distanziert.
- [ ] **Beziehungsorientierung**
Zwischenmenschliche Nähe und Geselligkeit sind wichtig, auch im beruflichen Kontext. Privates und Berufliches vermischen sich.
- [ ] **kleine Machtdistanz**
Hierarchien und Statusunterschiede bestehen, werden jedoch selten besonders hervorgehoben.
- [ ] **große Machtdistanz**
Hierarchien werden betont. Statusunterschiede sind groß und werden nicht hinterfragt.
- [ ] **direkte Kommunikation**
Schriftliche wie mündliche Mitteilungen gelten als absolut und verbindlich. Probleme und Beschwerden werden offen angesprochen.
- [ ] **indirekte Kommunikation**
Bei Vereinbarungen gilt ein Spielraum, der variabel ist je nach den Gegebenheiten. Kritik wird in vorsichtige Andeutungen verpackt.
- [ ] **wenig Kontext**
Es wird nicht ausführlich informiert, sondern das Wissen wird stillschweigend vorausgesetzt.
- [ ] **viel Kontext**
Eine Information wird in Zusatzinformationen eingebettet und um weitere Informationen angereichert.

b Zutreffend oder nicht zutreffend für deutsche Hochschulen? Markieren Sie zutreffende Aussagen mit einem Häkchen.

// INTERKULTURELLE KOMMUNIKATION //
Die Kommunikation auf formaler Ebene an deutschen Hochschulen ist direkt und sachbezogen. Im Vergleich zu anderen Kulturen ist die Kommunikation weniger hierarchisch, die Machtdistanz ist geringer. Es ist vergleichsweise wenig Kontext vorhanden. Diese Dimensionen interkultureller Kommunikationen gehen auf Geert Hofstede (1997) zurück.

- [ ] In der Sprechstunde eines Dozenten spricht man in den ersten zehn Minuten über belanglose Dinge, bevor man zum eigentlichen Grund des Treffens kommt.
- [ ] Man darf in Seminaren eine Professorin ohne ihren Titel ansprechen.
- [ ] Der akademische Nachwuchs darf nur wenig aktiv sein. Im Seminar der Aussage einer Dozentin zu widersprechen, gilt als Fehlverhalten und wird mit einer schlechten Note geahndet.
- [ ] Herauszufinden, nach welchen Regeln der Hochschulbetrieb funktioniert, bleibt den Studierenden selbst überlassen. Zu wissen, wo man Hilfe findet, ist eine wichtige Kompetenz.

c Verorten Sie die Kommunikation an Hochschulen in anderen Ländern, die Sie kennen, auf der Skala. Erläutern Sie.

Sachorientierung	⟷	Beziehungsorientierung
kleine Machtdistanz	⟷	große Machtdistanz
direkte Kommunikation	⟷	indirekte Kommunikation
wenig Kontext	⟷	viel Kontext

4 Interkulturelle Verständigung

a Wie in Aufgabe 1a beschrieben, misslingt Karolina Wróbels Begegnung mit Lisa Krüger. Ordnen Sie zu: Wer befolgt welche Regeln? Warum sind beide unzufrieden mit ihrer Kommunikation?

1 Karolina Wróbel schildert Lisa Krüger im Beratungsgespräch ausführlich ihre Erlebnisse an der Uni, um ihr ein umfassendes Bild von der Situation zu vermitteln.

2 ~~Lisa Krüger unterbricht die Studentin und fragt sie nach dem Grund ihres Besuchs in der Studienberatung. Sie gibt der Studentin einen Ratschlag mit auf den Weg.~~

3 Karolina Wróbel hat Angst, ihre Dozentinnen und Dozenten anzusprechen.

4 Lisa Krüger setzt stillschweigend voraus, dass die Studentin schon wissen wird, wie sie ihren Rat umsetzen kann.

5 Karolina Wróbel redet im Beratungsgespräch zunächst allgemein über ihre Situation an der Uni, ohne ihre konkrete Frage anzusprechen.

6 In der ersten Begegnung mit Lisa Krüger versucht Karolina Wróbel, eine persönliche Beziehung zu der Beraterin herzustellen. Sie erzählt ihr von ihren Erlebnissen an der Uni.

7 Bei ihrem Anruf ist Karolina Wróbel persönlich und emotional. Sie will einen informellen Kontakt zu Lisa Krüger herstellen.

8 Lisa Krüger kommuniziert direkt und sagt offen, was sie denkt. Außerdem kritisiert sie das Verhalten von Karolina Wróbel, ihren Rat nicht zu befolgen.

REGEL	PERSON / VERHALTEN
Sachorientierung	2
Beziehungsorientierung	
kleine Machtdistanz	
große Machtdistanz	
direkte Kommunikation	
indirekte Kommunikation	
wenig Kontext	
viel Kontext	

b Schreiben Sie die Begegnung von Karolina Wróbel mit Lisa Krüger so um, dass ihre Kommunikation gelingt. Was sind die entscheidenden Faktoren?

c Welche Missverständnisse gab es seit Ihrer Ankunft in Deutschland, weil Ihr Gegenüber anderen Kommunikationsregeln folgte? Wie sind Sie damit umgegangen?

// WURZELN INTERKULTURELLER KONFLIKTE // Bei Missverständnissen sollten Sie über mögliche kulturelle Differenzen nachdenken. Viele Konflikte entstehen, weil Menschen sich ihrer eigenen kulturellen Prägung nicht bewusst sind. Allerdings sollten Sie den Einfluss der Kultur auf das Verhalten von Menschen auch nicht überschätzen. Alle Irritationen auf kulturelle Unterschiede zurückzuführen, ist schwierig. Menschen werden durch Kultur-Skripte nicht gesteuert. Sie verhalten sich in verschiedenen Situationen und Lebensphasen unterschiedlich. Zudem spielen ihr Charakter und ihre Persönlichkeit eine wichtige Rolle.

Die Spielregeln des Hochschulsystems verstehen

1 Prestige, Unsicherheit, Konkurrenz und Abhängigkeit

a Ordnen Sie den Schilderungen der Studierenden die passenden Hintergrundinformationen auf der gegenüberliegenden Seite zu.

Nicht jedes meiner Seminare hat eine fachliche Leitung. Manche Lehrkräfte moderieren nur so ein bisschen. (Chiara, 20, Italien)

Einige Kommilitonen betreiben es als eine Art Sport: Sie liefern Diskussionsbeiträge nach jedem Referat. Egal, ob sie die Texte gelesen haben oder nicht. (Helen, 19, Großbritannien)

Im Seminar verstehe ich oft nicht, was die anderen sagen. Sie sprechen lange, aber ohne Inhalte. (Peter, 21, USA)

Hintergrundinfo: ______

Für meine Promotion habe ich eine 50%-Stelle in einem Forschungsprojekt bekommen, das meine Betreuerin leitet. Neben meiner Doktorarbeit muss ich zahlreiche andere Aufgaben erledigen, z. B. Seminare halten. Ich kann nichts dagegen tun, weil ich abhängig bin von meiner Doktormutter. Sie ist ja diejenige, die meine Arbeit bewertet. (Paolo, 22, Italien)

Hintergrundinfo: ______

Bevor ich nach München an die Uni kam, habe ich in Oxford studiert. Dort hatte ich einen Tutor. Jetzt sitze ich in Vorlesungen mit 300 und in Seminaren mit 30 anderen Studierenden. Für eine Beratung muss ich mich in eine Liste eintragen. In der Sprechstunde habe ich dann zehn Minuten Zeit, meine vielen Fragen mit der Dozentin zu besprechen. (Franka, 21, Polen)

Hintergrundinfo: ______

Ich würde gern als studentische Mitarbeiterin bei meiner Professorin arbeiten. Aber diese Stellen werden nirgends ausgeschrieben und ich weiß nicht, wie ich an eine rankomme. (Mila, 24, USA)

Hintergrundinfo: ______

A // FORSCHUNG BRINGT MEHR PRESTIGE ALS LEHRE // Forschungserfolge bringen hohes Ansehen, Personal und Gelder. Deutlich weniger anerkannt ist die Lehre. Das zeigt sich u.a. daran, dass erst seit einigen Jahren didaktisch-pädagogisches Wissen relevant ist. Früher ging es ausschließlich darum, wie gut sich die Wissenschaftler_innen in ihrem Fach auskennen.

B // UNSICHERHEIT ENTSTEHT DURCH ANOMIE // Viele Studierende erleben ihre Seminare als wenig produktiv. Häufig erklären die Lehrkräfte nicht, was sie von den Studierenden erwarten, sie lassen die Referate laufen, rufen Vielredende nicht zur Ordnung. Dieser Zustand wird in der Soziologie als ‚Anomie' bezeichnet. Er ist insbesondere für die Geistes- und Kulturwissenschaften charakteristisch.

C // KONKURRENZ UNTER GLEICHRANGIGEN //
Stellenbesetzungen erfolgen häufig informell: Die Professorin fordert eine Person, deren fachliche Arbeit sie schätzt oder die sie persönlich mag, dazu auf, sich zu bewerben. Dieser Favorit bekommt die Stelle. So vorzugehen, schafft Konkurrenz unter denen, die an der Hochschule Karriere machen wollen. Sie versuchen, beim Professor einen guten Eindruck zu hinterlassen und besser zu sein als die Mitstreiter_innen.

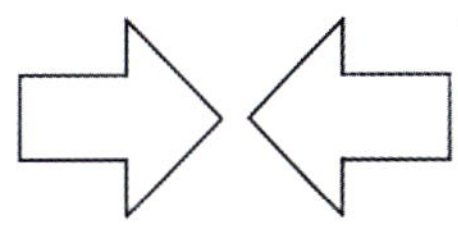

D // ABHÄNGIGKEITSVERHÄLTNISSE // Einerseits erscheint das bundesdeutsche Hochschulsystem egalitär: Auf die Nennung der Titel wird häufig verzichtet; man begegnet sich auf einer Ebene; bereits Studierende sollen eigene wissenschaftliche Positionen formulieren. Andererseits gilt: Jene, die in der Wissenschaft weiterkommen wollen, begeben sich in ein Abhängigkeitsverhältnis zu ihren Vorgesetzten. Die Rede von ‚Doktorvater' bzw. ‚-mutter' ist vielsagend; benannt ist auf diese Weise die quasi-familiäre Beziehung.

b **Wie ist die Situation an den Hochschulen in den Ländern, mit denen Sie vertraut sind? Vergleichen Sie die Schilderungen aus 1a mit Ihren eigenen Erfahrungen.**

2 Der akademische Bluff

a Was sagt der eine und was sagt der andere?

b Lesen Sie den folgenden Text. Welche Erfahrung wird hier beschrieben?

Viele Studierende kennen das Unbehagen in Vorlesungen und Seminaren, wenn sie die Professorin oder den Dozenten nicht verstehen. Um sie herum sitzen eifrig mitschreibende Mitstudierende. Einige treten mit selbstbewussten Kommentaren auf: „Das erinnert mich an …" oder „Eine interessante Position findet sich in der Fachzeitschrift …" oder „Bei … findet sich folgender maßgeblicher Aspekt zu dieser Frage." Es scheint, als würden sie den kompletten wissenschaftlichen Diskurs zum Thema kennen. Viele Studierende ziehen sich zurück und verstummen. Sie trauen sich nicht mehr zu fragen. Sie haben Angst, sich zu blamieren. Sie fühlen sich unsicher, allein und dumm. Sie denken, die anderen wüssten viel mehr als sie selbst.

// DER AKADEMISCHE BLUFF … //

- ist eine Täuschung, ein So-Tun-als-ob.
- ist weit verbreitet, insbesondere unter Gleichrangigen mit wissenschaftlichen Ambitionen.
- lebt von unnötig komplizierten Formulierungen inhaltlich korrekter Aussagen.
- liebt mit Fremdwörtern gespickte und in Schachtelsätze gepackte mündliche oder schriftliche Beiträge, die wissenschaftlicher und anspruchsvoller klingen, als sie bei näherer Betrachtung sind.

c Wie ist es Ihnen in den ersten Wochen und Monaten an der Hochschule ergangen? Berichten Sie anderen darüber.

d Sammeln Sie mindestens drei Argumente für und mindestens drei Argumente gegen den akademischen Bluff.

PRO akademischer Bluff	CONTRA akademischer Bluff
• von anderen wahrgenommen werden •	• sich lächerlich machen •

e Tragen Sie Ihre Argumente laut und überzeugend vor. Verwenden Sie dabei mindestens sechs der vorgegebenen Redemittel.

Wie allgemein bekannt ist • Es ist klar, dass • Wie Sie wissen • Natürlich steht außer Zweifel • Aus einleuchtenden Gründen • Das ist ja sehr originell, aber ich kann die Relevanz für unser Thema nicht sehen • Jeder vernunftbegabte Mensch weiß, dass • Es besteht überhaupt kein Zweifel, dass • Das müsste viel differenzierter vorgetragen werden. • Das entbehrt nun jeder Logik. • Wie auch Ihnen bekannt sein dürfte • Führende Theoretiker stellen übereinstimmend fest • Wie schon bei Schopenhauer nachzulesen ist • Nach meinen jahrelangen Studien zu diesem Problem kann ich sagen • Berücksichtigt man die Komplexität der Zusammenhänge in ihrer dynamischen Entwicklung und Konfiguration, kann man nur zu dem Schluss kommen, dass

f Wie hat es sich angefühlt, Ihre Argumente mit diesen Redemitteln vorzubringen? Was haben Sie genossen? Was war Ihnen unangenehm?

// SPRACHE UND MACHT // Der akademische Bluff verbirgt sich hinter Formulierungen, wie Sie sie in Aufgabe e finden. Mit solchen Formulierungen weist man jede Kritik von vornherein von sich, übertreibt maßlos, verwendet einschüchternde Fremdwörter, greift das Gegenüber an oder stellt es bloß – Verhaltensweisen, wie sie in der Definition des Bluffs auf S. 24 aufgezählt werden. In seinem Kern ist der Bluff ein Einschüchterungsversuch und eine Dominanzgeste.

3 Selbstbehauptung

a Welche Strategien fallen Ihnen ein, um mit dem akademischen Bluff umzugehen, wenn er Ihnen begegnet?

b Besonders wichtig ist es, dass Sie die Ursachen des akademischen Bluffs kennen, um ihn zu durchschauen. Lesen Sie dazu noch einmal die Hintergrundinformationen zu den strukturellen Besonderheiten bundesdeutscher Hochschulen.

Weiterführende Literatur:

Wagner, Wolf (2007): Uni-Angst und Uni-Bluff heute. Wie studieren und sich nicht verlieren. Aktualisierte und vollständig überarbeitete Neuausgabe. Berlin: Rotbuch-Verlag.

Das eigene Lernen reflektieren – Autonomes Lernen

1 Lernkulturen

a In ihrem Buch „Der japanische Verlobte“ erzählt die belgische Autorin Amélie Nothomb (2010: 30 f.), wie sie vom Lehrer ihres Japanisch-Kurses in Tokio Anfang der 1990er Jahre zurechtgewiesen wurde, als sie sich im Unterricht meldete, um Fragen zu stellen. Eine Schülerin habe nichts zu fragen, sondern still dem Unterricht zu folgen, so ihr Lehrer. Von welchen vergleichbaren Lernerlebnissen können Sie berichten?

b Wie lernen Sie bisher? Kreuzen Sie in jeder Zeile die Aussage an, die am besten zutrifft.

☐	Eine Lehrkraft ist für mich eine fachliche Autorität und ein moralisches Vorbild.	☐	Eine Lehrkraft ist für mich eine fachliche Autorität.
☐	Eine Lehrkraft soll meinen Lernprozess steuern und meine persönliche Entwicklung fördern.	☐	Von einer Lehrkraft erwarte ich einen kompetenten Kommunikationsstil und Methodenvielfalt.
☐	Ich lerne am besten mit Vorgaben und Anweisungen durch eine Lehrkraft.	☐	Ich lerne am besten selbstreguliert.
☐	Nach einem Seminar will ich den Lernstoff vertiefen und will, dass die Lehrkraft Hausaufgaben gibt.	☐	Hausaufgaben finde ich überflüssig, die sind doch was für Schulkinder.
☐	Ich bin mit dem Tabu aufgewachsen, im Unterricht Fragen zu stellen oder zu unterbrechen, wenn ich etwas nicht verstanden habe.	☐	Für mich ist es selbstverständlich, mich im Unterricht bemerkbar zu machen, wenn ich etwas genauer wissen will.
☐	Selbstdisziplin ist sehr wichtig. Denn mit harter Arbeit kann ich alles andere, z. B. fehlende Fähigkeiten, ausgleichen.	☐	Mit einer bestimmten Methode an die Dinge heranzugehen, finde ich wichtiger als Arbeitseifer. So schaffe ich in kürzerer Zeit mehr.
☐	Beim Lernen geht es vorrangig um das Verstehen der Inhalte.	☐	Beim Lernen geht es vorrangig um die Anwendung von Bekanntem auf Unbekanntes.
☐	Vor Prüfungen mache ich nichts anderes als zu lernen, zu essen, zu schlafen, zu lernen.	☐	Auch vor Prüfungen treffe ich mich mit Freund_innen, gehe meinem Hobby nach.
☐	Ich lerne, um den Erwartungen meiner Familie an mich gerecht zu werden.	☐	Ich lerne, weil es mich persönlich weiter bringt.

(Vgl. Fischer / Kopp 2007 und Luo / Kück 2011)

> **// LERNKULTUREN //** Das Lernen ist kulturell geprägt und einem historischen Wandel unterworfen. Wenn Sie vor allem Aussagen in der linken Spalte angekreuzt haben, wurden Sie vermutlich in einer lehrerzentrierten Lernkultur sozialisiert. Sie betont die Hierarchie zwischen Lehrenden und Lernenden. Die Lehrenden gelten als Wissen Gebende, die Lernenden als Wissen Empfangende. Hierzulande dominiert eine andere, die lernerzentrierte bzw. autonome Lernkultur. Den Lernenden wird viel mehr Eigenverantwortung für ihr Lernen übertragen.

c Wie ist es nach Einschätzung der Dozentin Christiane Florin heutzutage bei deutschen Studierenden um das autonome Lernen bestellt? Was halten Sie von dieser Kritik?

„Die meisten meiner Studenten spulen einfach ein Programm ab, hinterfragen nichts und niemanden. Debattieren wollen sie meist erst, wenn sie mit ihren Noten unzufrieden sind. Sie erledigen das Studium wie einen Job, und das ist schade. [...] Mir geht es um interessierte Studenten. Ich möchte sie dazu ermutigen, ein Studium als Chance zu sehen, sich mit anregenden Gedanken auseinanderzusetzen und selbstständiges Denken und Urteilskraft zu trainieren. [...] Ich frage meine Studenten immer: Was bedeutet Bildung für Sie? Warum studieren Sie? Dann sind sie erst einmal sprachlos, weil ihnen offenbar niemand bisher diese Frage gestellt hat. Bildung ist für sie die Erfüllung diffuser Erwartungen, sie wollen möglichst schnell durch die Uni, ganz egal, ob sie neue Erkenntnisse gewonnen haben oder nicht."

(Auszug aus einem Interview im Tagesanzeiger 9 / 2014)

d Lesen Sie den folgenden Text. Lässt sich ein neuer Lernstil trainieren?

Xun Luo und Sebastian Kück (2011) von der Universität Jena, Fachbereich Interkulturelle Wirtschaftskommunikation, führten gemeinsam mit Studierenden ein Projekt durch, für das 15 Studierende aus unterschiedlichen chinesischen Provinzen und 15 Studierende aus verschiedenen deutschen Bundesländern zu ihrem Lernstil befragt wurden. Es waren viele Studienfächer vertreten. Die Auslandserfahrung der befragten chinesischen Studierenden in Deutschland betrug im Schnitt 2,5 Jahre.

In den Einzelinterviews wurde u. a. die folgende Frage gestellt: „Glaubst Du, dass die Art und Weise Deines Lernens sich im Laufe der Zeit verändert hat? Wenn ja, was genau?" Viele der Befragten beantworteten diese Frage positiv und führten die folgenden Aspekte an:

- Ich bin selbstständiger und aktiver geworden, stelle mehr Fragen.
- Ich arbeite strukturierter.
- Ich habe neue Lernmethoden gelernt, auch von Kommilitonen.
- Ich lerne praxisorientierter.
- Ich lese mehr Literatur, früher habe ich hauptsächlich Übungen gemacht.
- Ich beteiligte mich aktiver an Diskussionen und an Austausch. (ebd.: 53)

// **TIPP** // Der Erwerb von Wortschatz und Grammatik, aber auch von anderen Fertigkeiten, die das wissenschaftliche Arbeiten betreffen, ist von Ihnen selbst zu leisten. Dafür müssen Sie selbstreguliert, also autonom lernen können. Wenn Sie nicht aus einer lernerzentrierten, sondern aus einer lehrerzentrierten Lernkultur kommen, wird die Umstellung Ihrer Lerngewohnheiten einige Zeit in Anspruch nehmen. Denn Sie durchlaufen nichts weniger als eine zweite Sozialisation. Indem Sie sich immer wieder vergegenwärtigen, wie anspruchsvoll das ist, entlasten Sie sich selbst von zu viel Erfolgsdruck.

e Was genau machen eigentlich autonome Lerner_innen? Notieren Sie Ihre Überlegungen. Die folgenden Stichpunkte sollen Ihnen Denkanstöße geben:

Entscheidung über Lerninhalte • Entscheidung über Lernpartner_innen • Einsatz von Lernstrategien • Strukturierung des Lernprozesses • Kontrolle des Lernprozesses • Umgang mit Materialien und Hilfsmitteln

2 Indirekte Lernstrategien

a Überlegen Sie gemeinsam: Welche Punkte gehören zu den verschiedenen Strategien? Ordnen Sie zu und ergänzen Sie.

Erreichen der Lernziele kontrollieren • um Feedback zur eigenen Arbeit bitten • sich regelmäßig entspannen • Schlussfolgerungen für das zukünftige Lernen ziehen • sich belohnen • mit kompetenten Nutzer_innen der Fremdsprache zusammenarbeiten • Fehler riskieren • Lernstoff auswählen • das Lernen organisieren • eigene Lernziele bestimmen • körperliche Signale registrieren • Lerntagebuch führen • Gefühle mit anderen besprechen • eigene Intentionen klären • um Erklärungen bitten • mit Kommiliton_innen zusammenarbeiten • das Lernen organisieren • die eigene Leistung wertschätzen

Kognitive Lernstrategien	Affektive Lernstrategien	Soziale Lernstrategien
das Lernen organisieren		

// INDIREKTE LERNSTRATEGIEN // Anders als die direkten Lernstrategien, die Lernende einsetzen, um einen besseren Zugang zum Lernstoff zu erlangen (z. B. durch Verwendung eines Wörterbuchs oder durch das Markieren wichtiger Stellen im Text), befassen sich die indirekten Lernstrategien mit der Regulierung des Lernprozesses auf einer übergeordneten Ebene. KOGNITIVE LERNSTRATEGIEN werden eingesetzt, um das eigene Lernen zu strukturieren, zu überwachen und auszuwerten. AFFEKTIVE LERNSTRATEGIEN sind dazu da, sich emotional für das Lernen zu motivieren, Stress zu reduzieren und Gefühle zu registrieren und zu äußern. SOZIALE LERNSTRATEGIEN werden im Kontext mit den anderen Lernenden eingesetzt. Man lernt, sich in andere hineinzuversetzen, Fragen zu formulieren und zusammenzuarbeiten (vgl. Bimmel / Rampillon 2000: 126–135).

b Recherchieren Sie, welche Unterstützungsmöglichkeiten es für das Lernen an Ihrer Hochschule gibt. Präsentieren Sie Ihre Ergebnisse.

c Welche Aspekte des Lernens sind neu für Sie?

Für mich ist neu, dass ich mein Lernen professionell gestalten kann. Darauf bin ich nicht von selbst gekommen. Ich habe immer irgendwie drauflos gelernt.

d Kreuzen Sie im Fragebogen zur Planung des eigenen Lernens an, was auf Sie zutrifft.

		Das kann ich bzw. das mache ich.	Das kann ich nicht bzw. das mache ich nicht.	Das möchte ich ausprobieren.
Kognitive Lernstrategien	Ich plane mein Lernen.			
	Ich beobachte mein Lernverhalten und werte es aus.			
	Ich kenne Lern- und Arbeitstechniken (Markieren, Strukturieren, Notizen anfertigen, mit dem Wörterbuch und anderen Nachschlagewerken arbeiten etc.).			
Affektive Lernstrategien	Ich kann mich immer wieder selbst zum Lernen motivieren.			
	Ich mache ausreichend Pausen und sorge für genügend Entspannung.			
	Ich mache mir Mut und belohne mich für mein Lernen.			
	Ich nehme meine Gefühle im Zusammenhang mit dem Lernen wahr und setze mich mit ihnen auseinander.			
Soziale Lernstrategien	Ich hole mir Hilfe, indem ich kompetenten Personen Fragen stelle und sie um Rückmeldung bitte.			
	Ich arbeite mit Kommiliton_innen zusammen.			
	Ich frage direkt im Kurs, wenn ich etwas genauer wissen möchte.			

➔ **Einen ausführlichen Fragebogen zur Selbsteinschätzung Ihres eigenen Lernens finden Sie online.**
(Online-Code **frfv5t3** auf www.klett-sprachen.de eingeben)

e Wie können Sie Lernstrategien, die Sie noch nicht nutzen, konkret umsetzen? Sammeln Sie Ideen.

Für dieses Semester mache ich mir einen richtigen Lernplan mit festen Arbeitszeiten und mit Lernzielen. Das Gute daran: So habe ich mehr Freizeit und kann diese auch wirklich genießen.

Um mich zu motivieren, setze ich mir nicht ein riesiges Ziel in endloser Ferne, sondern kleinere Etappenziele, die ich in überschaubarer Zeit erreichen kann.

E-Mails schreiben

1 Anreden und Grußformeln

a Ordnen Sie die Anreden und Grußformeln aus den Schüttelkästen in die Tabelle ein.

Anreden:

1 Hallo Herr Meyer, … • 2 Hi / Hey Clara, … • 3 Grüß Gott, Frau Schulz, … •
4 Sehr geehrter Herr Brander, … • 5 Guten Tag, Frau Funke, … • 6 Lieber Herr Merk, … •
7 Hallo lieber Tom, … • 8 Werter Herr Fischer, … • 9 Liebe Teammitglieder, … •
10 Hallo, liebe Kommilitoninnen und Kommilitonen, … • 11 Ciao Anja …

Grußformeln:

12 Mit freundlichen Grüßen • 13 Liebe Grüße • 14 Hochachtungsvoll • 15 Alles Gute •
16 Es grüßt Sie freundlich nach Kiel • 17 Mit herzlichen Grüßen aus Berlin •
18 Viele Grüße • 19 Ein schönes Wochenende wünscht Ihnen … •
20 Mit sonnigen Grüßen aus Stuttgart • 21 Mit freundlichem Gruß • 22 Beste Grüße •
23 Lieber Gruß • 24 Einen guten Start in die Woche wünscht Ihnen … •
25 Für heute grüßt Sie freundlich … • 26 Herzlichst, Ihre Tanja Meyer •
27 Mit besten Empfehlungen

Ebene	formell	weniger formell	privat / umgangssprachlich	veraltet / konservativ
Anrede	4,			
Grußformel				

b Besprechen Sie die einzelnen Formulierungen: Was ist anders als in den Sprachen, die Sie verwenden? Mit welchen Formulierungen haben Sie Probleme?

c Welche weiteren Anreden und Grußformeln kennen Sie? Welcher Ebene sind diese zuzuordnen?

2 Akademische Titel und Amtsbezeichnungen in der Anrede

a Welche Bedeutung haben diese akademischen Titel bzw. Amtsbezeichnungen?

[Doktor • Professorin • Dekan • Rektorin • Dozent • Präsident • Frauenbeauftragte]

> // **REGELN** // Für die Anrede mit Titeln und Amtsbezeichnungen gilt Folgendes:
>
> - Gibt es mehrere Titel, wird nur der höchste Titel in der Anrede verwendet.
> - Der Doktortitel wird in der Anrede mit ‚Dr.' abgekürzt, der Titel ‚Professor' wird in der Anrede ausgeschrieben.
> - Weibliche Professoren werden mit Frau Professorin adressiert. Auch für die Amtsbezeichnungen Dekan und Rektor verwendet man die weiblichen Formen, also Dekanin und Rektorin. Für den Doktortitel hingegen gibt es keine weibliche Form, daher heißt es ‚Frau Doktor'.
> - Amtsbezeichnungen werden ohne den Familiennamen gebraucht. Die Titel ‚Professorin' und ‚Doktor' gelten als Teil des Namens, daher muss hier der Familienname genannt werden.
> - ‚Dozent' / ‚Dozentin' ist eine Berufsbezeichnung und kein akademischer Titel. Deshalb wird sie in der Anrede nicht verwendet.

b Formulieren Sie formale Anreden. Berücksichtigen Sie die Hinweise im Kasten.

1 Sie schreiben eine Mail an Herrn Prof. Dr. rer. soc. Dr. phil. Jonas.
2 Sie wenden sich in einen Brief an die Dekanin des Fachbereichs, Professorin Dr. Thomas.
3 Sie bitten Ihren Dozenten Dr. Müller um Informationen zu seiner neuen Publikation.
4 Sie schreiben eine Mail an die Präsidentin Ihrer Hochschule, Professorin Dr. Sarah Goldschmidt.
5 Sie bitten Ihre Seminarleiterin, Frau Dr. Clemens, um einen Termin.

c Welche Fehler sind hier bei der Anrede passiert? Korrigieren Sie und begründen Sie Ihre Korrektur.

1 Sehr geehrter Herr Professor Doktor Jonas, …
2 Sehr geehrte Frau Dekanin Professor Thomas, …
3 Sehr geehrter Herr Dozent, …
4 Sehr geehrte Frau Präsident, …
5 Sehr geehrte Frau Dr. Clara Clemens, …

> // **KONTEXTBEZUG** // An deutschen Universitäten ist es üblich, promovierte und habilitierte Lehrkräfte ohne ihren Titel anzusprechen. Das gilt sowohl in offiziellen Situationen, z. B. auf Fachtagungen, als auch für die informellere E-Mail-Kommunikation. Auch Studierende können dieser Praxis folgen, ohne in ein Fettnäpfchen zu treten. An deutschen Fachhochschulen wird mehr Wert auf die formal korrekte Anrede gelegt. Außerhalb der Hochschulen haben akademische Titel eine noch wichtigere Bedeutung. Hier wird es je nach Kontext als Regelverstoß angesehen, auf den Titel zu verzichten.

3 Der korrekte Stil

a Lesen Sie Chris' private, informelle E-Mail und markieren Sie die umgangssprachlichen Formulierungen. Erstellen Sie eine Tabelle mit den Eigenheiten der Umgangssprache. Ergänzen Sie weitere Phänomene.

Von: Chris Leneweit
An: martin84@yahoo.fr
Betreff: :)

Hi, Martin,
haste schon gehört? Nächsten Mittwoch ist n' Treffen unserer Gruppe. Ich glaube, abends um 7, im Raum 3-12, so für zwei Stunden. Kommste? Wenn ja, dann bring am besten dein Laptop mit, ich weiß nicht, ob einer Protokoll schreibt. Und die Publikation über die neue EU-Richtlinie zur Donaustrategie. Wir brauchen bestimmt 2 h. Danach können wir ja noch n' Bierchen trinken gehen, ok?
Danke dir!

Bis denne,
Chris

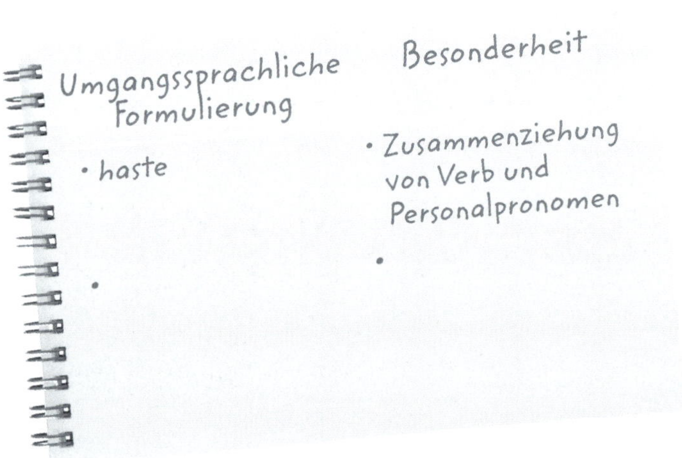

// KONJUNKTIV II IN E-MAILS //
Der Stil in E-Mails ist kurz, knapp und klar. Umständliche und oft auch veraltete Höflichkeitsfloskeln im Konjunktiv II können Sie durch einfachere Sätze im Indikativ oder Imperativ ersetzen. Auch bei der Korrespondenz mit höhergestellten Personen, wie z. B. Ihrer Dozentin, können Sie den Konjunktiv II sparsam verwenden:

Wären Sie so nett, das Buch X mitzubringen. →
Können Sie bitte das Buch X mitbringen? Vielen Dank (im Voraus).

b Formulieren Sie die Sätze einfacher.

1 Wir müssen Ihnen leider mitteilen, dass unser Treffen verschoben werden muss.
2 Wäre es möglich, ein Treffen mit Ihnen zu planen?
3 Wir würden uns sehr freuen, wenn Sie am Gruppentreffen teilnehmen könnten.
4 Ich würde Sie bitten, mich in der nächsten Woche anzurufen.
5 Wir freuen uns, Sie heute darüber in Kenntnis zu setzen, dass die Präsentation fertig ist.

c Formulieren Sie den Inhalt der informellen Mail an Martin so um, dass eine formale Mail an Herrn Dr. Lorenz daraus entsteht. Beachten Sie die weiteren Informationen dazu.

- Der Empfänger ist Herr Dr. Lorenz, Dozent an der HU Berlin (p.lorenz@hu-berlin.de).
- Er soll, wenn möglich, zu diesem Treffen dazukommen, um der Arbeitsgruppe beratend zur Seite zu stehen. Fragen Sie ihn, ob er dazu bereit ist.
- Geben Sie ihm Informationen über Ort, Zeit und Dauer des Treffens und bitten Sie ihn, die Publikation über die Strategie der EU für den Donauraum mitzubringen.

4 Groß- und Kleinschreibung sowie Zeichensetzung

a Markieren Sie jeweils die zutreffende Antwort.

> **// SATZZEICHEN UND ANDERE ZEICHEN IN E-MAILS //**
>
> . = der Punkt
> ! = das Ausrufezeichen
> : = der Doppelpunkt
> ; = das Semikolon
> @ = das At (sprich: Ät)
> _ = der Unterstrich
> / = der Schrägstrich / der Slash
> - = der Bindestrich

1. Datumsangaben im Deutschen werden mit
   a einem Punkt   b einer Endung   c ohne Punkt geschrieben.
2. Nach der Anrede steht
   a ein Ausrufezeichen   b ein Punkt   c ein Komma.
3. Der eigentliche Text in der E-Mail beginnt
   a klein   b groß   c nur dann groß, wenn ein Nomen am Anfang steht.
4. Nach einem Doppelpunkt schreibt man
   a groß, wenn ein vollständiger Satz folgt   b klein, wenn ein vollständiger Satz folgt   c mal groß, mal klein, je nach Belieben.
5. Die Sätze in E-Mails sollten mit einem
   a Komma   b einem Punkt   c einem Semikolon getrennt werden.
6. Nach der Grußformel steht
   a immer ein Komma   b nie ein Komma   c immer ein Punkt.

b Korrigieren Sie die E-Mail.

```
Teamsitzung am 9 November 2011
Hallo. Liebe Teammitglieder!
Nur ganz kurz: die nächste Teamsitzung findet am 29 November statt,
bitte bringt alle ausgearbeiteten Texte mit, ich organisiere n' Beamer.
Viele Grüße,
Karsten
```

5 Netiquette

a **Was ist ‚Netiquette'? Recherchieren Sie im Internet dazu und tauschen Sie sich aus.**

b **Kreuzen Sie an. Nur eine Antwort ist richtig.**

1. Mails sollten
   - a nur beantwortet werden, wenn es dringend nötig ist.
   - b immer bestätigt werden, es sei denn, die Mail ist nicht an Sie persönlich, sondern an eine Gruppe von Leuten gerichtet.
   - c nur beantwortet werden, wenn der Absender dies erwartet.

2. Mails sollten im Stil
   - a dem Adressaten angepasst werden.
   - b formal gehalten werden.
   - c lockerer als formale Briefe geschrieben werden.

3. Die Betreffzeile sollte
   - a nur manchmal ausgefüllt werden.
   - b möglichst konkret ausgefüllt werden.
   - c je nachdem mit ‚Information' oder ‚Frage' ausgefüllt werden.

4. E-Mails sollten möglichst
   - a lang sein.
   - b präzise das Anliegen vortragen.
   - c mit Abkürzungen geschrieben werden.

5. Die deutschen Umlaute und das ß sollten Sie bei internationaler Kommunikation
   - a wie im Deutschen schreiben.
   - b als ae / oe / ue / ss schreiben.
   - c als AE / OE / UE / SS schreiben.

6. Orthografiefehler in formalen E-Mails innerhalb der Hochschule sind
   - a unbedingt zu vermeiden.
   - b kein so großes Problem.
   - c verzeihlich.

> **// NOTWENDIGKEIT DER E-MAIL ÜBERPRÜFEN //** Professor_innen sind durch ihre vielzähligen Aufgaben in Forschung und Lehre meist sehr beschäftigt und erhalten viele E-Mails. Bevor Sie Ihrer Professorin / Ihrem Professor eine E-Mail schreiben, prüfen Sie daher zunächst, ob Sie bereits alle verfügbaren Dokumente konsultiert haben. Termine, Informationen zu ECTS-Punkten oder Prüfungsverfahren finden Sie in der Regel auch auf der Webseite oder in der Studien- und Prüfungsordnung.

6 Sprachhandlungen

a Sammeln Sie Formulierungen für die verschiedenen Sprachhandlungen in E-Mails. Schreiben Sie mindestens drei Varianten auf. Ergänzen Sie weitere Sprachhandlungen in E-Mails.

> **// SPRACHHANDLUNGEN //** Mit E-Mails stellen Sie sich vor, formulieren ein Anliegen oder eine Bitte, übermitteln Informationen. Sie üben Sprachhandlungen aus. Legen Sie für die einzelnen Sprachhandlungen Wortschatzlisten an und orientieren Sie sich an E-Mails, die Sie erhalten haben.

Sprachhandlung	Redemittel
sich vorstellen / Kontext der E-Mail begründen	
Dank für E-Mail des Absenders	
Bezugnahme auf E-Mail / vorheriges Telefonat / Gespräch	
ein Anliegen formulieren	
Information, die Sie weitergeben möchten	
wichtige Punkte, die es zu beachten gilt	
um Hilfe bitten	
Bitte um Bestätigung	
Aufforderung des Absenders, weitere Fragen zu stellen	
Hinweis auf angehängte Dokumente	
Dank im Voraus für eine Antwort	

TABUFRAGE

> Ich fühle mich sehr fremd in Seminaren und Vorlesungen, wie auf einem anderen Planeten. Andere scheinen sich nicht wie die Außerirdischen vorzukommen. Werde auch ich irgendwann dazugehören? Habe ich selbst darauf überhaupt Einfluss?

TEST

In dieser Lektion ist Ihnen die Studentin Karolina Wróbel begegnet. Formulieren Sie für die Studentin eine E-Mail, in der sie ihre Dozentin, Frau Prof. Gerds, um Informationen bittet. Setzen Sie dabei alles um, was Sie in den Kapiteln zur Kulturspezifik von Kommunikation sowie zum Schreiben formal korrekter E-Mails gelernt haben.

Karolina möchte von ihrer Dozentin wissen,
- wie viele Credit Points sie in dem Seminar „Erwachsenenpädagogik" von Frau Prof. Gerds erreichen kann,
- welche Leistungen notwendig sind, um Credit Points zu bekommen,
- welche Hilfestellungen ihr die Dozentin anbieten kann und
- wie sie sich verhalten muss, wenn sie wegen Krankheit nicht am Seminar teilnehmen kann.

PROJEKT

Recherchieren Sie die Kulturangebote Ihrer Hochschule. Wo wollen Sie dabei sein? Legen Sie los!

// **STUDENTISCHE FREIZEIT** // An Hochschulen können Sie nicht nur studieren, sondern auch musizieren, diskutieren, trainieren. Das studentische Leben ist äußerst vielfältig: Studium Generale, Sprachenzentrum, Hochschulsport, Chor und Orchester, Debattier-Club, religiöse Gemeinschaften, politische und gewerkschaftliche Gruppen laden zum Mitmachen ein.

B

Schriftsprache statt Umgangssprache // Fremdwörter und Fachbegriffe // die Alltägliche Wissenschaftssprache kennen und verstehen lernen // Bildfelder in der Wissenschaft // Strategien für den Wortschatzerwerb // digitale Wörterbücher und Korpora sinnvoll nutzen

// WISSENSCHAFTSSPRACHLICHEN WORTSCHATZ VERSTEHEN UND ERWERBEN //

Die Alltägliche Wissenschaftssprache

- Welche der beiden Aussagen ist umgangssprachlich? Begründen Sie Ihre Antwort.

Die Sprache in wissenschaftlichen Texten

1 Schriftsprache statt Umgangssprache

a Grammatische Strukturen der gesprochenen Sprache: Ordnen Sie die grammatischen Strukturen A bis I den Beispielen zu. Einmal gibt es zwei Antworten. Verbessern Sie die Sätze dann.

Strukturen der gesprochenen Sprache

A Satzglieder stehen außerhalb der Verbklammer
B *bekommen*-Passiv (*bekommen* / *kriegen* + Partizip Perfekt)
C Endung 1. Pers. Sg. fällt weg.
D Vergleichspartikel *wie* nach Komparativ
E Umgangssprachliche Verlaufsform (= *sein* + *am* + Infinitiv)
F Verwendung der Demonstrativpronomen *der* / *die* / *das* / *die* (Pl.) als Personalpronomen (statt *er* / *sie* / *es* / *sie* (Pl.)
G Verwendung des Perfekts
H *weil* + Verbzweitstellung im Nebensatz
I Verwendung des Dativs statt des Genitiv

// UMGANGSSPRACHE VERMEIDEN // Die (formelle) Schriftsprache unterscheidet sich auch hinsichtlich der Grammatik von der Umgangssprache. Achten Sie beim Schreiben bzw. bei der Überarbeitung Ihrer Texte darauf, dass Sie Strukturen der gesprochenen Sprache vermeiden.

1 Ich hab in meiner Arbeit vor, … C
Besser: Ich habe in meiner Arbeit vor, …

2 Die Kommunikation war nicht optimal, wegen der mangelhaften sprachlichen Kenntnisse. ☐
Besser: ______

3 Für dieses Projekt haben wir zwölf Interviews durchgeführt. ☐
Besser: ______

4 Die Anzahl der Studienteilnehmer war größer wie die der Teilnehmerinnen. ☐
Besser: ______

5 Wir haben die Interviews nur mithilfe von unserem Betreuer ausgewertet bekommen. ☐ ☐
Besser: ______

6 Die StudienteilnehmerInnen sind normalerweise tagsüber alle am Arbeiten. ☐
Besser: ______

7 Die hatten immer nur abends Zeit für die Befragung. ☐
Besser: ______

8 Die Befragung dauerte nur eine Stunde, weil wir konnten die Interviews nur abends durchführen. ☐
Besser: ______

b Verben: Markieren Sie in den Sätzen alle umgangssprachlichen Verben. Finden Sie eine für wissenschaftliche Texte angemessene Lösung. Fallen Ihnen noch weitere stilistische Stolpersteine auf?

1 Die Interviews wurden am Institut für Psychosomatik ~~gemacht~~. durchgeführt

2 Auf Grundlage der Interviews haben wir viele neue Erkenntnisse gekriegt. ______

3 Die Interviewteilnehmer kriegten zunächst Zeit, einen Fragebogen anzugucken. ______

4 Nach 20 Minuten Vorbereitungszeit haben wir mit den Interviews angefangen. ______

5 Wir hatten insgesamt 24 Interviewpartnerinnen und -partner. ______

6 Viele andere Daten wurden nicht mit einberechnet. ______

7 Besonders rausgestellt werden muss Folgendes: … ______

// TYPISCHE UMGANGSSPRACHLICHE WÖRTER UND PRÄFIXE // Die Verben *machen, kriegen, bekommen, gucken, anfangen, haben* sind umgangssprachlich konnotiert. Ebenso umgangssprachlich sind Bildungen mit den Präfixen *mit-* bzw. *raus-, rein-, rauf-, runter-, rüber-*. Letztere müssen immer durch die schriftsprachlichen Formen *heraus- / hinaus-, herein- / hinein-, herauf- / hinauf-, herunter- / hinunter-* ersetzt werden. Das Präfix *mit-* kann weggelassen werden.

c Adverbien: Ordnen Sie den umgangssprachlichen Adverbien ihre schriftsprachliche Entsprechung zu.

[~~allein~~ • zunächst • bereits • zudem • überdies / geradezu • zumeist / häufig • stets • folglich • mitunter • mittlerweile • wiederholt / erneut • recht]

Alltags-/Umgangssprache	Schriftsprache
alleine	allein
meistens, öfters	
erstmal (= erst einmal)	
schon	
auch	
immer	
also	
manchmal	
inzwischen	
nochmal / noch einmal	
sogar	
ziemlich	

d Modalpartikeln: Markieren Sie in dem folgenden Textauszug alle Modalpartikeln. Wie wirkt der Text mit und ohne diese Wörter auf Sie?

> **// MODALPARTIKELN //** Modalpartikeln sind Elemente der gesprochenen, aber auch der literarischen Sprache. Sie gestatten es, Gefühle stärker auszudrücken, die Sprache expressiver zu machen. In (geschriebenen) wissenschaftlichen Texten sollten Sie Modalpartikeln und Füllwörter daher vermeiden.

Die vorliegende Arbeit soll ein Versuch sein, diese Debatte etwas zu erhellen, indem eben verschiedene Problembereiche, die mit der Immigration in Zusammenhang stehen, dargestellt werden. Die Wichtigkeit des Themas liegt m. E. darin begründet, dass sich im Zusammenhang mit der europäischen Einheit die Frage nach der Rolle von Einwanderern ja europaweit stellen wird und auch hier eine Angleichung der in den einzelnen Ländern existierenden Gesetze betreffs der Immigranten erreicht werden muss. Der gravierende Unterschied, wie er allein zwischen Deutschland und Frankreich besteht, wird wohl überwunden werden müssen. Damit ergibt sich auch die Frage, ob Einwanderer denn eigentlich gleichberechtigte Bürger der EU sein werden oder nur Bürger zweiter Klasse.

e Lesen Sie die folgenden Satzanfänge, die umgangssprachliche Ausdrücke enthalten. Verbessern Sie die Beispiele.

1 Die Studie hat ein bisschen zeigen können, inwieweit …
2 Es gab ein paar Hinweise darauf, dass …
3 Eine Menge InterviewpartnerInnen berichteten von …
4 Echt wenig Leute sprachen über …

f Zusammenfassende Aufgabe: Lesen Sie den Text und prüfen Sie die Strukturen. Welche sind umgangssprachlich und sollten ersetzt werden?

Untersuchungen über Rückkehrgedanken bei Einwanderern können Aufschluss geben darüber, inwieweit die in der Aufnahmegesellschaft ‚angekommen' sind. Total interessant wäre es auch festzustellen, ob Rückkehrkonzepte noch in der zweiten und auch in der dritten Generation von Einwanderern existieren.
Die marokkanische Wochenzeitschrift „Le journal" hat im Dezember 1997 eine Diskussion mit Einwanderern marokkanischer Abstammung in Paris abgedruckt, wo der Gegenstand Gedanken an eine mögliche Rückkehr waren. Sie hat geschrieben: „Ja, sie wollen zurückkommen. Um dem Land zu helfen, um Dinge voran- und Ideen einzubringen." Anscheinend ist selbst noch in der zweiten Generation der Wille zur Rückkehr vorhanden, der allerdings selten Realität wird, weil die wirtschaftliche Lage in Marokko ist schlecht.

2 Fremdwörter – deutschsprachige Wörter – Fachbegriffe

a Welche Verben sind äquivalent? Ordnen Sie den Fremdwörtern ihre deutschsprachigen Entsprechungen zu.

> // **DUBLETTEN** // Der wissenschaftssprachliche Wortschatz enthält viele Dubletten, d.h. Wortpaare. Ein deutscher Ausdruck entspricht oft einem Wort aus einer anderen Sprache, einem sogenannten Lehnwort. Häufig ist dann das Lehnwort auch das Fachwort, es ist also disziplinabhängig und kann nicht durch das deutschsprachige Äquivalent ersetzt werden. Manchmal aber können Sie die Wörter synonym verwenden, z. B.: *auf der Basis von … = auf der Grundlage von …*

1	antizipieren	a	sich verorten in
2	diskutieren	b	besprechen
3	sich positionieren zu	c	beurteilen
4	sich positionieren in	d	seine Meinung zu etwas äußern
5	determiniert sein durch	e	bestimmt werden durch
6	evaluieren	f	herausfinden
7	eruieren	g	vorwegnehmen

b Ergänzen Sie zunächst den Artikel der Nomen. Bilden Sie anschließend Wortpaare. Welche Wörter sind äquivalent?

1	______ Fazit	a	______ Beschreibung
2	______ Aspekt	b	______ Gesichtspunkt
3	______ Deskription	c	______ Standpunkt
4	______ Position	d	______ Lage
5	______ Option	e	______ Möglichkeit
6	______ Rezension	f	______ Besprechung
7	______ Situation	g	______ Ergebnis

> // **GENUSREGELN** // Bei vielen Substantiven bestimmt die Wortendung das Genus. So ist es auch bei vielen Fremdwörtern. Merken Sie sich daher das Genus der wichtigsten Endungen:

maskulin	-and, -ent, -ant, -et, -eur, -iker, -ismus, -ist, -or (i. d. R. für Personen), -us
neutrum	-ett, -il, -ing, -ment, -um, -a (griech. Wörter wie z. B. Thema, Koma …)
feminin	-ion, -anz, -enz, -ie, -ik, -tät, -ur,

c Vergleichen Sie die Bedeutung der Wörter *Perspektive* und *Basis* in den folgenden Beispielsätzen. Wählen Sie für jeden Satz das passende deutschsprachige Äquivalent aus.

[Blickwinkel • Grundlage • Ausgangspunkt • übereinstimmende Meinung • Zukunft • Sichtweise]

1 Aus dieser Perspektive ist keine Lösung zu erkennen.

Aus diesem ______________________ ist keine Lösung zu erkennen.

2 Daraus ergibt sich eine veränderte Perspektive.

Daraus ergibt sich eine veränderte ______________________.

3 Ein weiteres Projekt hat keine Perspektive.

Ein weiteres Projekt hat keine ______________________.

4 Die Autorin präzisiert ihre Aussagen auf der Basis ihrer Gespräche.

Die Autorin präzisiert ihre Aussagen auf der ______________________ ihrer Gespräche.

5 Ein Zitat Schopenhauers dient als Basis für den Aufsatz.

Ein Zitat Schopenhauers dient als ______________________ für den Aufsatz.

6 Es gibt keine gemeinsame Basis für das weitere Vorgehen.

Es gibt keine ______________________ für das weitere Vorgehen.

// WELCHES WORT WÄHLEN? // Der Bedeutungsumfang der deutschen und internationalen Wörter ist manchmal nicht identisch. Wählen Sie dann das präzisere Wort, das ist i.d.R. das deutsche Wort.

// ORTHOGRAPHIE VON INTERNATIONALISMEN // Achten Sie auf die unterschiedliche Schreibweise der Internationalismen.

Deutsch	Englisch	Französisch	Italienisch
die Literatur	literature	littérature	letteratura
funktional	functional	fonctionnel, fonctionnelle	funzionale
aktiv	active	actif	attivo, -a
binär	binary	binaire	binario, -a
potenziell	potential	potentiel/-le	potenziale

// LATINISMEN & ANGLIZISMEN // Andere Wissenschaftssprachen, z.B. die französische, verwenden oft Ausdrücke der **lateinischen Sprache**. Dies ist im Deutschen nicht im gleichen Umfang üblich. Gebräuchliche Formulierungen sind a priori, ad hoc sowie [sic!]. Diese Ausdrücke werden im Deutschen nicht kursiv geschrieben.
Wenn möglich, sollten Sie Anglizismen, also **englische Wörter**, übersetzen. Nur wenn diese Fachbegriffe sind (z.B. in den Wirtschaftswissenschaften), werden sie im Deutschen übernommen. Auch hier ist keine Kursivsetzung erforderlich.

// FACHBEGRIFFE // Oft sind Fachbegriffe Fremdwörter. Ihre Bedeutungen sind durch Definitionen festgelegt, sie werden als ‚Termini' bezeichnet. Sie gestatten in wissenschaftlichen Texten eindeutige und prägnante Aussagen. Diese dürfen nicht durch Synonyme ersetzt werden.

d Lesen Sie den Textauszug und markieren Sie alle Fachbegriffe.

[...] In der Vermittlung des wissenschaftlichen Schreibens rückt die Textsortenkompetenz immer stärker ins Blickfeld, da auch schriftsprachliche Kompetenzen nicht mehr losgelöst von Faktoren wie Kommunikationssituation, Textsorten und sprachlichen Normen darzustellen sind. Zugleich wächst auch das Bewusstsein um die kulturellen Unterschiede wissenschaftlicher Diskurstraditionen in der kontrastiven Textsortenlinguistik. Wenn man sich die aktuellen Studienprogramme und Lehrpläne der neuen Bachelor-Studiengänge anschaut, fehlt es jedoch noch häufig an überzeugenden Konzepten, deutschen und ausländischen Studierenden Textsortenkompetenzen für das wissenschaftliche Schreiben zu vermitteln. [...]

(aus: Kaiser 2010, S. 11)

e Formulieren Sie den Textauszug neu unter Beibehaltung der Fachbegriffe. Ersetzen Sie die Formulierungen unten durch die angegebenen Varianten.

stärker ins Blickfeld rücken → zunehmend Beachtung finden

das Bewusstsein für ... wächst → das Wissen um ... wird größer

anschauen → betrachten

es fehlt noch häufig an → es finden sich selten

In der Vermittlung des wissenschaftlichen Schreibens findet die Textsortenkompetenz zunehmend Beachtung, ...

3 Die Alltägliche Wissenschaftssprache (AWS)

> **// ALLTÄGLICHE WISSENSCHAFTSSPRACHE //** Wissenschaftliche Texte enthalten Sprachmaterial auf unterschiedlichen Ebenen:
>
> - Sie enthalten viele Wörter und Ausdrucksweisen der Gemeinsprache, die in allen Texten vorkommen können.
> - Die Texte weisen Fachwörter des jeweiligen Faches auf, auch Termini genannt.
> - Sie enthalten Vokabular, das Sie bereits aus dem Alltag kennen, das aber in den Texten der Wissenschaft auf eine spezifische Weise verwendet wird (vgl. Graefen / Moll 2011: 17). Man spricht hier von der Alltäglichen Wissenschaftssprache (AWS). Dieser Begriff stammt von Konrad Ehlich (Ehlich 1993). Ein Ihnen aus dem Alltag bekannter Wortschatz wird in wissenschaftlichen Texten auf das wissenschaftliche Handeln und den wissenschaftlichen Austausch bezogen, z. B. *Thema X wird unter einem spezifischen Aspekt betrachtet.* Diese Ausdrücke sind fächerübergreifend.

a Lesen Sie die Einleitung zu einer Monographie (➔ Kap. D) zum Thema Lebenslanges Lernen und markieren Sie alle Fachbegriffe in einer Farbe.

Die vorliegende Einführung beleuchtet das Lebenslange Lernen in seinen vielfältigen Dimensionen. Im *ersten* Kapitel wird herausgearbeitet, dass das Lebenslange Lernen zwar als gleichsam natürliches, mit dem Leben konstitutiv verbundenes Phänomen anzusehen ist, dass diese Selbstverständlichkeit aber mit der Etablierung eines gesellschaftlichen Diskurses zu diesem Thema verloren gegangen ist. Nun bildet das Lebenslange Lernen den Gegenstand eines Diskurses, in dem das Lernen des Einzelnen, die Inhalte und Formen, die Ziele und Funktionen sowie die sozialen und institutionellen Kontexte des Lernens beschrieben, konzipiert und normativ gefordert werden. Die Einbettung des Lebenslangen Lernens in den gesellschaftlichen Kontext wird besonders deutlich, wenn es in einer historischen Perspektive beleuchtet wird. Das *zweite* Kapitel erörtert das Lebenslange Lernen als bildungspolitisches Programm und das *dritte* Kapitel beschreibt es als Herausforderung für die pädagogische Praxis. Das *vierte* Kapitel stellt zentrale empirische Befunde dar und das *fünfte* Kapitel befasst sich mit den theoretischen Herausforderungen, die die Hinwendung zum Lebenslangen Lernen für Erziehungswissenschaft und Bildungsforschung zur Folge hat. Im abschließenden *sechsten* Kapitel werden (neue) berufliche Tätigkeitsfelder für Pädagoginnen und Pädagogen im Feld des Lebenslangen Lernens aufgezeigt.

(aus: Hof 2009, S. 13/14)

b Unterstreichen Sie alle Nomen und Verben, die einen Bezug zur Wissenschaft haben. Schreiben Sie sie in eine Tabelle.

Nomen	Verben
die Einführung, -en die Dimension, -en	beleuchten + A herausarbeiten, dass + Nebensatz

c Suchen Sie aus dem Text Wendungen der Wissenschaftssprache heraus, die auf den Wörtern der Alltagssprache in der Wortwolke beruhen. Notieren Sie die gesamte Wendung.

finden → der Befund, zentrale empirische Befunde darstellen

Folge → die Hinwendung zum Lebenslangen Lernen zur Folge haben …

d Verstehen Sie die Bedeutung dieser Wendungen? Welche Wörter verstehen Sie nicht?

Die AWS kann für Sie zunächst schwer zugänglich sein, weil:

- konkrete Wortbedeutungen eine übertragene Bedeutung angenommen haben (➔ Versteckte Metaphorik), z. B. *beleuchten*: Ursprünglich bedeutet das Verb *etwas durch Licht erhellen*. In der Wissenschaftssprache bedeutet es aber *etwas wissenschaftlich untersuchen*.
- Verben durch bestimmte Präfixe eine spezifischere, wissenschaftstypischere Bedeutung erhalten, z. B. *herausarbeiten*. Durch das Präfix *heraus-* wird betont, dass die Ergebnisse der Arbeit besonders verdeutlicht, hervorgehoben werden.
- viele Wörter in mehr oder weniger feststehenden Wendungen gebraucht werden (➔ Kollokationen), z. B. *es wird herausgearbeitet; zur Folge haben, …*
- Substantive durch Attribute (Adjektive, Partizipien, Genitivattribute) erweitert und dadurch präzisiert werden, z. B. *bildungspolitisches Programm; Lebenslanges Lernen als gleichsam natürliches, mit dem Leben konstitutiv verbundenes Phänomen; die Etablierung eines gesellschaftlichen Diskurses*

4 Die versteckte Metaphorik der Alltäglichen Wissenschaftssprache

a Lesen Sie den Textauszug A. Die unterstrichenen Wörter sind metaphorisch, also bildlich, gebraucht. Welche gedanklichen Bilder entstehen durch den Gebrauch dieser Metaphern?

b Lesen Sie die Textauszüge B bis D und unterstreichen Sie alle Metaphern. Ordnen Sie die unterstrichenen Ausdrücke dann den verschiedenen Bildfeldern in der Tabelle zu.

// **BILDFELDER** // Die Bilder, die Metaphern transportieren, kann man einem Oberthema zuordnen, einem sogenannten Feld.

A (…) Doch bevor ich diese Meta-Begriffe zur Lebenskunst im Detail erläutere, soll der Lebenskunst-Forschung, die sich in einem literaturwissenschaftlich-soziologischen Feld bewegt, ihr methodischer Ort zugewiesen werden, wozu einige theoretische Vorüberlegungen nötig sind. Wenn diese Präliminarien geklärt sind, werde ich die ‚Gattungen', die den Lebenskünstlern bei der Konstruktion der eigenen Biografie als Modelle dienen, genauer beleuchten: (…) Ich werde mich also auf archäologische Weise von einer Ebene zur anderen hinunterarbeiten: Von der Metaebene der Lebenskunst-Forschung über eine Selbstbeschreibungs-Ebene der Lebenskünstler hin zu den Tiefenschichten, wo die Lebenskünstler die Modelle, die Vorgaben für ihre ästhetische Existenz finden. (…)

(aus: Shahadat 2004, S. 20–21)

B (…) Das Ziel der vorliegenden Arbeit ist es dagegen, Instrumente bereitzustellen, die der Weiterentwicklung der lexikalisch-grammatischen Kompetenz durch Chunking dienen und die gleichzeitig die Effekte des Lernens mit Chunks überprüfbar machen. (…)

(aus: Handwerker / Madlener 2009, S. 1)

C Konzentration ist die Fähigkeit, eine Zeitlang ungeteilt aufmerksam zu sein. Beim Konzentrieren wird die Aufmerksamkeit auf einen eng umgrenzten Bereich des Wahrnehmungs- und Bewusstseinsfeldes gelenkt. Reize und Vorstellungen, die außerhalb dieses Feldes liegen, werden weitgehend ausgeblendet. (…)

(aus: Keller 2011, S. 69)

D Denken und Lernen sind eng miteinander vernetzt. Denken erfordert Wissen (über etwas nachdenken), aber Wissen ist nicht genug. Schüler oder Studierende benötigen zudem Praxisfelder und Gelegenheiten für die lebensnahe Anwendung. Sie müssen ferner ermutigt werden, über ihr Denken und Handeln zu reflektieren. Ebenfalls wichtig ist eine Ermutigung besonderer (Tiefen) Strategien, wie (Nach)Fragen, Wissenselemente organisieren, Inhalte vernetzen und das erworbene Wissen nutzen (Francis et al. 1995).

(aus: Konrad 2014, S. 23)

E Dem Forschungsbereich ‚Organisation und Geschlecht' bietet der empirische Fall ausführlichen Stoff. Denn der nachzuweisende subtile Machtprozess, der untrennbar mit Rationalität verbunden ist, reproduziert eine Hierarchisierung nach Geschlechts- wie nach Klassenzugehörigkeit.

(aus: Richter 2010, S. 8)

BILDFELD	BEISPIELE
 RAUM BEWEGUNG	
 FORM KONSTRUKT MAß	
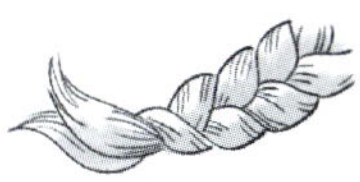 GEWEBE STOFF TEXTUR	
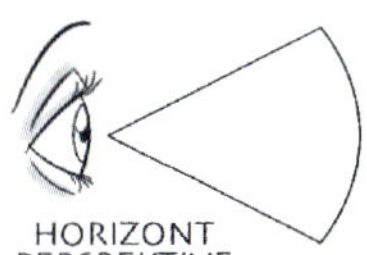 HORIZONT PERSPEKTIVE BILD LICHT	

c Welche Funktion haben die Metaphern in den Texten? Ordnen Sie zu. Manchmal sind zwei Antworten richtig.

1 Sie kündigen ein wissenschaftliches Vorgehen an.
2 Sie ordnen das Wissen (stellen Bezüge und Zusammenhänge her).
3 Sie illustrieren wissenschaftliche Phänomene.
4 Sie zeigen Forschungsbedarf auf.
5 Sie zeigen, wo sich ein_e Forschende_r mit der eigenen Arbeit verortet.

Text A ______ Text B ______ Text C ______

Text D ______ Text E ______

> // **BILDLICHKEIT** // Viele metaphorisch gebrauchte Wörter und Wendungen der AWS lassen sich den oben genannten Feldern zuordnen. Sie dienen der Bezeichnung von wissenschaftlichen Handlungen oder der Erklärung eines wissenschaftlichen Phänomens. Die Verwendung von Metaphern ist typisch für die AWS, aber auch abhängig von dem Stil der Autorin oder des Autors. Durch die Bildlichkeit gelingt es Ihnen womöglich leichter, sich den Wortschatz einzuprägen und Texte zu verstehen.

d Bringen Sie einen deutschsprachigen Text aus Ihrem Studienfach mit. Welche Metaphern finden Sie darin? Besprechen Sie ausgewählte Beispiele mit den anderen.

e Erstellen Sie für jedes Bildfeld eine Wortschatzliste als Wiki oder Textdatei.

5 Das Bildfeld des Raumes und der Bewegung

// **METAPHERN DES RAUMES UND DER BEWEGUNG** // Das wichtigste Bildfeld in der deutschen AWS ist die Vorstellung eines Raumes, in dem man steht, sich bewegt oder umsieht, z. B.: *Man betrachtet Gegenstände, denkt über das Vorgehen nach, blickt zurück oder gibt einen Ausblick, nähert sich einem Thema an, grenzt es ein etc.* In Band 1 wird das Bildfeld des Raumes und der Bewegung thematisiert, Übungen zu anderen Bildfeldern der AWS finden Sie im Intensivtrainer zu Band 2. Zum Thema „Bildfelder in der Wissenschaftssprache" sei auf Fandrych (2006) verwiesen.

a Markieren Sie in dem folgenden Textausschnitt alle Ausdrücke, die im weitesten Sinn einen Bezug zum Thema ‚Raum' haben: Das betrifft die Ideen der Bewegung, Veränderung und Orientierung im Raum. Schreiben Sie die Ausdrücke anschließend in die Tabelle.

Die Schwelle zur Philosophie wird überschritten mit der Erschütterung der Existenz und der Frage nach dem Grund, mit den drängenden Lebensfragen und der Suche nach einer möglichen Antwort darauf. Allgemein hat ein philosophisches Problem, Wittgenstein zufolge, die schlichte Form: „Ich kenne mich nicht aus." Die Philosophie ist der *Raum der Orientierung*: Die individuellen Fragen und Grundprobleme der Existenz können zu dem Forum, das die Philosophie ist, gebracht werden, um eine Sprache dafür zu finden und darüber zu reflektieren. Ein solches Verständnis von Philosophie setzt mitten in der Erfahrung des Alltags an, beim einzelnen Individuum, das seine Fragen stellt, ausgehend von dem zuvor vertrauten Leben, das nun hinter ihm liegt und ihm plötzlich fremd geworden ist. …

(aus: Schmid 1998, S. 49)

Raum	
Bewegung im Raum	überschreiten
Veränderung im Raum	
Orientierung im Raum	

b Der Forschungsprozess als Weg durch einen Raum: Schreiben Sie die Wörter aus dem Schüttelkasten in die Zeichnung.

[der Stand • der Ausgangspunkt • der Vordergrund • der Weg • die Seite • die Spur • der Schritt • die Richtung • das Feld • der Überblick • das Vorgehen • das Verweisen auf • der Plan • das Gebiet • das Ziel • der Ausblick • die Betrachtung]

c Ordnen Sie den Substantiven aus 5b ein passendes Verb zu.

1	der Ausgangspunkt	a	abstecken
2	im Vordergrund	b	sich verschaffen
3	einem Weg	c	überblicken
4	Schritte	d	einschlagen
5	die Richtung	e	unternehmen
6	das Feld	f	sein
7	einen Überblick	g	stehen
8	das Vorgehen	h	erreichen
9	das Gebiet	i	folgen
10	das Ziel	j	planen

Lösung: 1f,

d **Ordnen Sie die Verben den Bildern zu.**

[sich wenden gegen • abgrenzen • aufgreifen • entgegenhalten • ergründen • betrachten • folgen • zusammenhängen • heranziehen • zurückkommen]

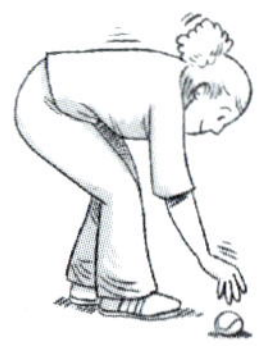

1 ______

2 ______

3 ______

4 ______

5 ______

6 ______

7 ______

8 ______

9 ______

10 ______

e **Welches Verb passt? Lesen Sie die Erklärungen und ergänzen Sie das Verb aus dem Schüttelkasten von Aufgabe d.**

a auf ein Thema eingehen und es für sich auswerten bzw. daran anknüpfen: aufgreifen

b auf einen bereits benannten Fakt / ein bereits erwähntes Thema erneut zu sprechen kommen ______

c etwas gegen etwas äußern / widersprechen ______

d etwas ablehnen / sich dagegen aussprechen ______

e die Ursachen einer Sache herausfinden / etwas gründlich analysieren ______

f etwas genau darstellen ______

g nach einer Sache / einem Gesichtspunkt als Nächstes kommen ______

h Beziehungen zwischen Dingen herausfinden ______

i etwas benutzen / sich etwas bedienen ______

j sich von einer Position distanzieren ______

f **Recherchieren Sie mithilfe eines Wörterbuchs (beta.dwds.de; ➔ DWDS, S. 63) mögliche Ergänzungen in wissenschaftlichen Texten zu den Verben in 5d. Benutzen Sie dafür die Filterfunktion, um Auszüge aus wissenschaftlichen Texten angezeigt zu bekommen, und prüfen Sie die Textbelege.**

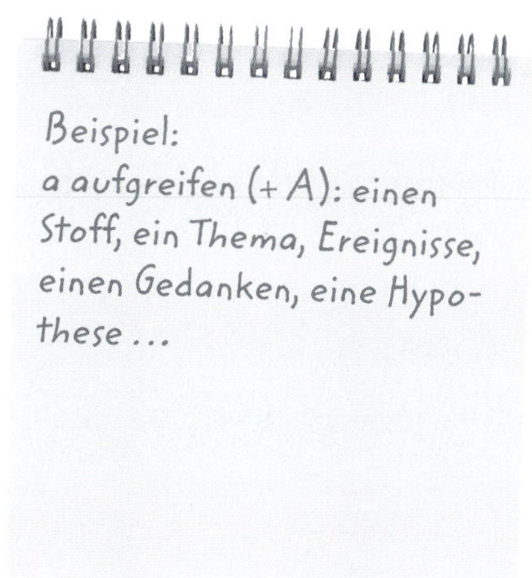

// METAPHORIK DER WISSENSCHAFTSSPRACHE // Das Wissen um die Metaphorik der Wissenschaftssprache kann Ihnen helfen, neue Wörter im Kontext zu verstehen. Prüfen Sie aber stets die genaue Bedeutung mit einem Wörterbuch nach.

g **Vergleichen Sie wissenschaftliche Texte in verschiedenen Sprachen: Welche Metaphern finden sich darin? Vergleichen Sie sie mit deutschsprachigen Wissenschaftstexten.**

➔ **Einen Fachartikel zur Metaphorik der Alltäglichen Wissenschaftssprache finden Sie online.**
(Online-Code **frfv5t3** auf www.klett-sprachen.de eingeben)

6 Das Bildfeld des Sehens

a Ergänzen Sie zu den Verben *sehen*, *blicken* und *betrachten* die Nomen, gebräuchliche Fügungen mit Präpositionen und andere Wörter derselben Wortfamilie.

sehen	blicken	betrachten
die Sicht aus (der / seiner) Sicht von die Sichtweise …		

b Welches Wort passt: *Sicht*, *Blick* oder *Betrachtung*?

1 Die __________ des Autors auf diese Entwicklung ist kritisch zu sehen.

2 Bei genauerer __________ der Ergebnisse ergibt sich Folgendes: …

3 Mit __________ auf die dargestellte Situation muss gesagt werden, dass …

4 Als nächstes sollen die Ursachen für diese Entwicklung in den __________ genommen werden.

5 Eine gründlichere __________ der Thematik erfolgt in Kapitel 4.

c Inwiefern unterscheiden sich die Nomen aus Aufgabe 6b voneinander? Ergänzen Sie die Erklärungen mit *Sicht*, *Blick* oder *Betrachtung*.

1 __________ trägt in der Wissenschaftssprache u. a. die Bedeutung ‚Meinung', ‚Position' in sich.

2 __________ bedeutet u. a., etwas unter einem bestimmten Gesichtspunkt anzusehen, etwas zu berücksichtigen, um etwas anderes einzuschätzen.

3 __________ bedeutet, etwas gründlicher zu analysieren, genauer zu prüfen oder auch ‚Abhandlung'. Hier steht der Prozess im Mittelpunkt.

d Setzen Sie die Nomen *Sicht*, *Blick*, *Betrachtung* auf jeweils einer der Vokabelkarten ein.

aus (der) __________
von Meier (2009:13) …
in seiner / ihrer __________

bei (genauerer / näherer / eingehender)
____

mit __________ auf + A
auf den ersten / zweiten …
im (Hin)__________ auf + A

// VERMEINTLICHE SYNONYMITÄT //

Die Nomen *Sicht*, *Blick* und *Betrachtung* können in der Allgemeinsprache als Synonyme gelten, z. B. *der Blick / die Sicht auf den See / die Betrachtung des Sees*. In der Wissenschaftssprache haben sie eine jeweils präzise Bedeutung, denn sie stehen für unterschiedliche **Handlungen**, die der / die Autor_in im Text vornimmt, z. B. *etwas berücksichtigen*, *etwas genau prüfen*.

7 Okkasionalismen!

a Suchen Sie in den Zitaten aus einem Text des Geschichtsprofessors Valentin Groebner sogenannte Okkasionalismen, sprachliche Wortschöpfungen in einer bestimmten Situation. In zwei Zitaten benutzt er sprachliche Metaphern, die eher unüblich für die Wissenschaftssprache sind. In zwei Zitaten kreiert der Autor neue Wörter. Unterstreichen Sie diese und ergänzen Sie die Angaben.

1 „Was braucht ein Konzept der Geschichtswissenschaft, damit es zu einem verheißungsvollen Versprechen auf Neues, zu einer Marke mit Wiedererkennungswert, zu einem zukünftigen Großforschungsterritorium werden kann?" (S. 109)

2 „Wo [Jan] (Ergänzung d. A.) Plamper seine Autobahn der Innovationsrhetorik verlässt, von David Hume immer geradeaus zum Berliner Sonderforschungsbereich, und auf Nebenstraßen abbiegt, gerät er ziemlich rasch in unübersichtliches Gelände." (S. 111)

3 „Er muss andauernd abbremsen, abbrechen, weglassen." (S. 112)

4 „Mächtige Personen fühlen mehr und intensiver als ihre Untergebenen und demonstrieren gleichzeitig, dass sie ihre intensiveren Gefühle auch besser kontrollieren. Sie sind Mehrfühler, Emotionsathleten." (S. 113–114)

(aus: Groebner 2013, S. 109–114)

Okkasionalismen	neue Metaphern
Zitat 1: Großforschungsterritorium	

b In welchen Zitaten ist Kritik an einem wissenschaftlichen Vorgehen enthalten?

> **// OKKASIONALISMEN //** Sprachliche Neuschöpfungen sind manchmal schwer zu erkennen; Sie können nicht wissen, ob ein Wort / eine Metapher gebräuchlich ist oder neu erfunden wurde. Recherchieren Sie im Zweifelsfall. Sie selbst sollten keine Wörter neu bilden. Zu groß ist die Gefahr, dass dies negativ bewertet wird. (➔ Kapitel C)

8 Kollokationen

> **// KOLLOKATIONEN //** Die sprachlichen Mittel der AWS bekommen ihre wissenschaftsspezifische Bedeutung in einer mehr oder weniger festen Kombination mit anderen Lexemen (vgl. Graefen 2000: 192). Diese mehr oder weniger festen Kombinationen können als Kollokationen, d.h. feststehende Fügungen, bezeichnet werden. Sie können diese nicht bzw. nur bedingt ändern, da ihr Gebrauch und auch ihr Kontext festgelegt sind. Die AWS besteht zu einem großen Teil aus Kollokationen. Diese müssen Sie lernen, im Laufe der Zeit erwerben Sie so eine „Kollokationskompetenz".
>
> Beim Lesen wissenschaftssprachlicher Texte sollten Sie auf diese typischen Kollokationen der Wissenschaftssprache achten. Sinnvoll ist es, Kollokationen, die Sie für Ihr eigenes Schreiben benötigen, herauszuschreiben.

a Welches Wort passt in einem wissenschaftssprachlichen Kontext nicht oder nicht so gut? Kreuzen Sie an.

1	eine Analyse	a	vornehmen	b	durchführen	c	vollbringen
2	eine Vermutung	a	bestätigen	b	beweisen	c	verifizieren
3	Faktoren	a	ernst nehmen	b	einbeziehen	c	berücksichtigen
4	eine Funktion	a	haben	b	einnehmen	c	innehaben
5	Erkenntnisse	a	gewinnen	b	gelangen zu	c	bekommen
6	Kritik	a	äußern	b	formulieren	c	sagen
7	einer Sache Gewicht	a	beimessen	b	verleihen	c	geben
8	eine ... Rolle spielen	a	große	b	zentrale	c	schwere
9	... Resultate	a	nachweisbare	b	messbare	c	festgestellte

> **// GEBRÄUCHLICHKEIT //** Viele Verbindungen sind – grammatisch gesehen – richtig und möglich, aber in der wissenschaftlichen Schreibpraxis nicht gebräuchlich. Durch die Nutzung dieser typischen Wendungen weisen Sie nach, dass Sie als angehende_r Wissenschaftler_in zur Wissenschaftsgemeinde (engl. *scientific community)* gehören. Ihre Texte erhalten dadurch wissenschaftliche Autorität (➔ Kapitel C).

b Übersetzen Sie einige Kollokationen aus 8a in Ihre Muttersprache. Was stellen Sie fest?

> **// SPRACHGEBUNDENHEIT VON KOLLOKATIONEN //** Kollokationen sind sprachgebunden, d.h. sie sind in jeder Sprache anders. Sinnvoll ist es, sich beim Lernen bewusst auf die Unterschiede zu konzentrieren, z.B. *eine Frage aufwerfen* entspricht dem französischen *soulever une question. Das* Verb *soulever* wäre eher zu übersetzen mit *aufheben / hochheben.*

c Prüfen Sie die unterstrichenen Formulierungen im folgenden Textauszug kritisch. Welche Kollokationen sind untypisch oder unlogisch? Lesen Sie dann die Verbesserungsvorschläge. Schreiben Sie anschließend eine verbesserte Version des Textes.

2.2 Risikofaktoren und Entstehung der Gewalt
2.2.1 Die Familie als potentielles Risiko

Um (1) die Gewaltakzeptanz in ihrem Ausmaß behandeln zu können, müssen (2) Aspekte betrachtet werden, die ihren Beitrag zur Ausübung von Gewalt leisten. Deswegen ist in diesem Kapitel statt von (3) Gründen, die zu gewalttätigem Verhalten führen können, die Rede von „Risikofaktoren". Ich werde mit der (4) Familie als einem der ersten und größten „Risikofaktoren" beginnen. Der Zusammenhang der Familiensituation mit dem Sozialverhalten der Kinder ist vielfach untersucht worden. (5) Forschungsergebnisse von Ralf Schmidt weisen nach, dass eine problematische Familiensozialisation ein Risikofaktor für abweichendes Verhalten ist und eine gelingende primäre Sozialisation einen Schutzfaktor (6) bezüglich der Jugenddelinquenz darstellt.

Anmerkungen

zu (1): Gewaltakzeptanz behandeln = zu ungenau
besser: das Ausmaß der Gewaltakzeptanz darstellen

zu (2): Aspekte, die ihren Beitrag zur Ausübung von Gewalt leisten = Aspekte können keinen Beitrag leisten
besser: Aspekte, die bei der Ausübung von Gewalt eine Rolle spielen

zu (3): Gründe, die zu gewalttätigem Verhalten führen
besser: Gründe für ein gewalttätiges Verhalten

zu (4): Familie als einem der ersten und größten „Risikofaktoren", Familie als Risikofaktor ist unpassend
besser: Gewalterfahrungen in der Familie sind ein Risikofaktor für das Entstehen von Gewalt

zu (5): Forschungsergebnisse weisen nach
besser: nahelegen, hindeuten auf

zu (6): Schutzfaktor bezüglich
besser: gegen

> **// KORREKTUREN ERBITTEN //** Bitten Sie Ihre Dozent_innen, unübliche Kollokationen bei der Lektüre Ihrer wissenschaftlichen Texte anzustreichen. So haben Sie die Möglichkeit, Ihre sprachliche Kompetenz zu erweitern. Überprüfen Sie zudem beim Schreiben eigene Formulierungen, z. B. mithilfe des DWDS (➔ S. 63).

d Testen Sie Ihre Kollokationskompetenz: Welches Wort passt? Kreuzen Sie an.

1	die … Arbeit	a vorlegen	b vorgelegte	c vorliegende
2	die … Ergebnisse	a ausgeführten	b angeführten	c abgeführten
3	der … Nachweis	a besprechende	b sprechende	c entsprechende
4	die sich daraus … Schlussfolgerung	a ergebene	b ergebende	c gebende
5	die später noch … Gründe	a aufzuzeigenden	b zu erkennenden	c gezeigten
6	das … Muster	a beschreibende	b beschriebene	c geschriebene
7	eine … Frage	a nächstliegende	b nahliegende	c naheliegende

// **KOLLOKATIONEN LERNEN** // Vielleicht konnten Sie bei einigen Aufgaben sofort die richtige Lösung ankreuzen. Das zeigt, dass Sie diese Strukturen als feste Einheit gespeichert haben. Tatsächlich ist es besonders effektiv, häufig auftretende Kollokationen als Einheit (= Chunk, ➔ S. 71) zu lernen.

e Setzen Sie die folgenden Wörter in die Lücken im Text.

[belegen • betrachten • ergeben • richten • umzusetzen • vertraut • überraschend]

Weitere wichtige Fragestellungen (1) ______________ sich, wenn wir den Lerner in den Mittelpunkt der Überlegungen stellen. Das Ziel ist letztendlich, sein mentales Lexikon bezüglich Kollokationen zu formen. Wie ist jedoch die Einstellung der Lerner zu Kollokationen? Erkennen sie diese als feste Wortgruppen, die man als Einheiten (2) ______________ sollte? Die Unterrichtspraxis zeigt, dass DaF-Lerner „wie alle Fremdsprachenlerner von Natur aus eher Word-Watcher […] als Chunk-Sammler" sind (Handwerker / Madlener 2009: 6). Diese Aussage trifft auch auf die Kollokationen zu, wie einige empirische Studien (3) ______________ (vgl. Reder 2008a; Reder 2008b). Dass Lerner von sich aus vorwiegend Einzelwörter als Wortschatzeinheiten erkennen, ist nicht weiter (4) ______________, wenn wir gängige Lehrmaterialien betrachten. Die meisten DaF-Lehrwerke begünstigen die „Word-Watcher-Einstellung" der Lerner. Die Wortfixierung der Lehrwerke ist u.a. durch den Verzicht auf den Terminus gekennzeichnet. Mir ist kein überregionales DaF-Lehrwerk bekannt, das Lerner mit dem Kollokationsbegriff (5) ______________ machen würde. Ein weiterer Nachteil ist, dass die meisten Lehrbücher in Glossaren vorwiegend Einzelwörter auflisten. Einige bringen unter dem Etikett „Ausdrücke" auch Idiome und kommunikative Formeln, aber nur vereinzelt Kollokationen. Es ist jedoch den Lehrwerkautoren nicht ganz berechtigt vorzuwerfen, dass sie mit dem Terminus „Kollokation" kaum operieren und wenige Kollokationen in Glossaren anführen. Es gibt ja keine einheitliche Kollokationsauffassung in der Bezugswissenschaft, in der Linguistik. Die Kollokationsdeutungen in der Fremdsprachendidaktik, typische und übliche Wortverbindungen (vgl. Hausmann 1984) oder Wortpaare, die kontextuell erwartbar sind (vgl. Barkowski / Krumm 2010: 155), in der Praxis (6) ______________, ist auch nicht problemlos. (7) ______________ wir den Fokus auf den Lerner. Das Ziel ist, dass er in seinem mentalen Lexikon Kollokationen als Einheiten abspeichert. So ist es wohl für den Spracherwerb am effektivsten, wenn Kollokationen als phraseologische Einheiten erfasst werden.

(aus: Reder 2011)

f **Notieren Sie die Kollokationen, die Sie in Aufgabe 8e eingesetzt haben. Ergänzen Sie sie um weitere Kollkoationen, die Sie interessant finden.**

Fragestellungen ergeben sich, wenn …

// KONTEXT MITLERNEN // Den wissenschaftssprachlichen Wortschatz müssen Sie sich i.d.R. selbstständig erschließen. Als Grundlage können Ihnen wissenschaftliche Texte Ihres Faches dienen. Bei dieser Art von Wortschatz geht es nicht mehr nur um das Lernen einzelner Wörter, sondern um ein Lernen von Kollokationen unter Berücksichtigung des Kontextes, in dem diese gebraucht werden. Die in den Texten vorkommenden Bildfelder können sich von Fach zu Fach unterscheiden.

g **Vergleichen Sie die beiden folgenden Vokabelkarten: Welche Beziehungen werden jeweils hergestellt? Ordnen Sie den Vokabelkarten folgende Begriffe zu:**

1 WORTFAMILIE UND KOLLOKATIONEN **2 WORTFELD**

belegen + A (Text / Aussage)
der Beleg
belegt durch + A / mit + Dat
Synonyme: nachweisen, den Beweis erbringen, etwas empirisch / historisch / wissenschaftlich belegen, etwas scheint X zu belegen
etwas ist nicht belegt, etwas ist gut belegt, mit einem Tabu belegt, seit dem … Jahrhundert belegt

____

die Fragestellung, -en
der Gegenstand, ¨-e — das Anliegen, - — der Sachverhalt, -e
das Thema, -en

____

// MENTALES LEXIKON // Psycholinguist_innen gehen davon aus, dass neue Wörter in Netzen von Begriffen und Assoziationen gespeichert werden. Dafür wurde der Begriff ‚Mentales Lexikon' geprägt. Je besser und mehr ein Wort vernetzt ist, desto besser wird es gespeichert. Nutzen Sie das Wissen um diese Zusammenhänge und lernen Sie Wörter in Verbindung mit anderen Wörtern, z.B. als Wortfamilie oder in einem Wortfeld.

9 Wortbildung: Komposition

> **// KOMPOSITION //** Die Wortbildung durch Komposition ist sehr typisch für wissenschaftliche Texte. Sie betrifft Nomen (z. B. *Textsortenkompetenz*), aber auch Verben (z. B. *auseinandersetzen*), Adjektive (z. B. *bereichsabhängige Forschung*) und Adverbien (z. B. *notwendigerweise*). **Komposita verdichten Aussagen**, lassen die / den Handelnde_n weg und **stellen so Objektivität her.** (➲ Kapitel C) Aufgrund dieser Informationsdichte sind sie aber mitunter schwer verständlich. Ebenso dienen sie dazu, **Textzusammenhänge herzustellen**, indem sie als Synonyme bereits benannte **Informationen wiederaufgreifen.** (➲ Metakommunikation, Kapitel D) Komposita können auch **Fachbegriffe** sein, deren spezifische Bedeutung Sie gegebenenfalls nachschlagen müssen.

a Unterstreichen Sie alle Komposita im Text.

Ziele und Aufgaben der Projektgruppen

Um selbstgesteuertes und handlungsorientiertes Lernen zu unterstützen, wird ein didaktisches Konzept entwickelt, das die Lernenden zu einer aktiven und intensiven Auseinandersetzung mit ausgewählten Themen und Inhalten herausfordert. Im Mittelpunkt der Lernarrangements stehen komplexe Aufgaben und Anforderungen, die selbstständig, aber in Gruppen bearbeitet werden müssen.
Hilfreich für die Arbeit der Lerngruppen sind klare Vorgaben und Rahmenbedingungen.
Aus diesem Grund sind die Teilnehmenden gehalten, die [...] Angebote zu nutzen.
Im Rahmen der daran anknüpfenden Lernaktivitäten entsteht ein Arbeitsbericht, der folgende Elemente umfasst: [...]

(aus: Konrad 2014, S. 195)

b Paraphrasieren Sie die Wörter in der Tabelle.

Komposita	Paraphrase
selbstgesteuertes und handlungsorientiertes Lernen	ein Lernen, das ...
Rahmenbedingung	
Lerngruppen	
Arbeitsbericht	

c Welche Komposita in Aufgabe 9b sind Ihrer Meinung nach Fachbegriffe?

d **Suchen Sie in einem Text Ihres Fachgebiets Komposita heraus. Prüfen Sie die Bedeutung, indem Sie sie paraphrasieren. Zeigen Sie gegebenenfalls die Beziehungen zwischen Komposita und vorangegangenen Informationen auf. Suchen Sie Sätze, die durch Komposita sehr verdichtet werden. Welche Wörter bereiten Ihnen Verständnisprobleme? Tauschen Sie sich aus.**

e **Zusammengesetzte Partizipien: Komprimieren Sie die Wortgruppen, indem Sie zusammengesetzte Partizipien bilden.**

1 Die Abgrenzung einzelner Phasen, die auf eine Situation bezogen ist

Die situationsbezogene Abgrenzung einzelner Phasen

2 Lernen, das Schüler selbst regulieren

3 Aktivitäten, die auf ein Ziel gerichtet sind

4 Lernen, das sich an Problemen orientiert

5 Ein Geschehen, das ein Leben lang andauert

// PARTIZIPIALATTRIBUTE UND RELATIVSÄTZE // Wenn Sie beim Schreiben oft Relativsätze verwenden, können Sie deren Inhalte in Form von zusammengesetzten Partizipien komprimieren. Beim Lesen sind die stark komprimierten Strukturen schwer zu verstehen. Durch Umwandlung in Relativsätze können Sie diese Strukturen auflösen und ggf. besser verstehen.

f **Fugenelemente bei Komposita: Vergleichen Sie die aufgeführten Komposita in Bezug auf die Fugenelemente. Welche Regel ist richtig? Kreuzen Sie an.**

- NOMEN: der Geltungsanspruch, der Funktionsbereich, die Textkritik, die Ideenfindung, die Wissenschaftsgeschichte, die Nationalitätsgedanke, die Kommunismusdebatte, der Nachhaltigkeitsgedanke, die Kostensenkung, das Für und Wider, die Studienordnung
- VERBEN: widersprechen, auseinandersetzen, kennenlernen, teilnehmen
- ADJEKTIVE: zufriedenstellende Ergebnisse, wissenschaftstheoretische Überlegungen, herrschaftsfreier Bereich, weitgehende Reflexionen, ideenreiche Ausführungen, studienbegleitende Kurse
- ADVERBIEN: beispielsweise, sicherheitshalber, gleichermaßen
- PRÄPOSITIONEN: außen vor, nebenan, für und wider

REGEL	-s-	-n-	Ø
1 Nach den Endungen: -schaft, -ung, -heit, -keit, -ion, -tät steht unabhängig von der Wortart das Fugenelement:	☐	☐	☐
2 Bei der Pluralform eines Nomens auf -e steht das Fugenelement:	☐	☐	☐
3 Für Komposita ohne die oben genannten Endungen steht das Fugenelement:	☐	☐	☐

// KOMPOSITA PRÜFEN // Bilden Sie Komposita nicht selbst, sondern prüfen Sie stets nach, ob die von Ihnen benutzten Wörter existieren und ob es ein Fugenelement gibt. Die Fehlerhäufigkeit bei eigenen Bildungen ist hoch. (➔ DWDS)

10 Wortbildung: Ableitung

// **ABLEITUNGEN VON GRUNDVERBEN** // Neben der Komposition sind abgeleitete Wortformen (z. B. die Wortbildung mithilfe von Präfixen) in der Wissenschaftssprache sehr häufig anzutreffen. Es gibt in der AWS sehr frequente Grundverben, von denen viele Wortformen abgeleitet werden. Dazu gehören Ableitungen der folgenden Verben:
gehen, kommen, führen, ziehen, werfen, wenden, stehen, stellen, setzen, liegen, geben, nehmen, suchen, finden, zeigen, weisen, fassen, halten, sehen (vgl. Meißner 2009: 102).
Diese Verben nehmen durch Ableitungen jeweils verschiedene Bedeutungen an. Bedeutungsunterscheidend kann aber auch der Gebrauch einer Präposition sein, vgl. *eingehen in* + A ≠ *eingehen auf* + A, *bestehen in* + D ≠ *bestehen aus* + D.

a Ableitungen des Verbs *gehen*: Welche Bedeutung ist äquivalent? Kreuzen Sie an. Notieren Sie außerdem zu jedem Verb den Infinitiv mit passender Präposition (und ggf. dazugehörige Nomen) und Kasus. Geben Sie außerdem an, ob das Verb trennbar ist oder nicht.

1. Der Autor geht erst zum Schluss auf die Frage ein, ob …
   a behandeln   b zurückkommen

   eingehen auf + A (trennbar)
2. Diese Ereignisse gingen in die Geschichtsschreibung der Stadt ein.
   a Aufnahme finden   b gelöscht werden
3. Das geht aus den zusammengestellten Angaben hervor.
   a betonen   b deutlich werden
4. Die Verfasserin geht dabei folgendermaßen vor: …
   a agieren   b sich beeilen
5. Wie man mit den Quellen umgeht, ist für die Qualität der Arbeit entscheidend.
   a arbeiten mit   b auslassen
6. Im Folgenden gehe ich der Frage nach, inwieweit …
   a ablehnen   b betrachten
7. Der Autor geht dabei den Ursachen für diese Entwicklung auf den Grund.
   a herausfinden   b genau analysieren

b Oberflächliche Ähnlichkeit: Unterstreichen Sie in den Beispielsätzen das vollständige Verb und die dazugehörige Präposition. Ordnen Sie anschließend jedem Verb eine Bedeutung a, b oder c zu. Notieren Sie den Infinitiv mit passender Präposition und Kasus. Arbeiten Sie gegebenenfalls mit einem Wörterbuch.

1. Diese Entwicklung führt Schiech auf die Revolution von 1848 zurück.
2. Die Bemühungen zur Einrichtung eines solchen Rates gehen auf die Vereinbarungen zwischen den verschiedenen Einwanderergruppen im Jahre 1976 zurück.
3. Abschließend komme ich auf die zu Beginn aufgestellte These zurück.

a etwas hat seinen Ursprung in etwas
b man bezieht sich auf einen früher genannten Punkt / eine bereits gemachte Aussage
c man nennt eine Ursache für etwas

c Erstellen Sie in Gruppen Vokabellisten zu den wissenschaftssprachlichen Ableitungen der häufigsten Verben, die in dem Kasten auf S. 56 angegeben sind. Benutzen Sie dafür das DWDS (➲ S. 63). Stellen Sie zur Überprüfung der Wörter in den Referenzkorpora die Textsorte Wissenschaft ein. (➲ S. 64).

// GENAUES WORTSCHATZLERNEN // Anhand der zwei vorangegangenen Übungen sehen Sie, dass Sie sehr genau arbeiten müssen: Zum einen sind Präpositionen bedeutungsverändernd, zum anderen bestehen alle drei Verben in Aufgabe 10b aus dem Präfix *zurück* + einem Verb der Bewegung + der Präposition *auf*. All das kann Sie zu falschen Annahmen über die Bedeutung dieser Verben führen. Prüfen Sie bei Ihnen unbekannten Wörtern die genaue Bedeutung stets nach.

d Notieren Sie zu den Ableitungen der Nomen ***Sicht*** und ***Blick*** Kollokationen. Formulieren Sie jeweils einen Beispielsatz. Arbeiten Sie mit einem Wörterbuch oder dem DWDS.

1. Sicht

a Aussicht: mit der Aussicht auf + A
b Übersicht:
c Einsicht
d Ansicht:
e Absicht:
f Hinsicht:
g Voraussicht:
h Rücksicht:
i Berücksichtigung:

2. Blick

a Ausblick:
b Überblick:
c Einblick:
d Rückblick:

e Welches Verb aus dem Schüttelkasten passt in die Lücken?

[~~überblicken~~ • einsehen • vorsehen • absehen von + D • versehen mit • ansehen als + A • voraussehen + A • ersehen]

1 Das Forschungsgebiet ist nicht zu überblicken.
2 Diese Veröffentlichung kann als Grundsteinlegung dieser neuen Wissenschaft ______ werden.
3 Von einer genaueren Darstellung wird aus Platzgründen ______.
4 Nach Abschluss der Studie ist eine ausführliche Auswertung ______.
5 Die Dokumente wurden mit handschriftlichen Notizen ______.
6 Der weitere Verlauf dieser Entwicklung lässt sich nicht ______.
7 Die Dokumente können in den Archiven ______ werden.
8 Aus dieser Darstellung lässt sich folgende Entwicklung ______.

Wortschatzarbeit mit digitalen Korpora

1 Strategien der Wortschatzarbeit

a Sammeln Sie im Kurs, welche Strategien Sie bereits erfolgreich nutzen, um Wortschatz zu verstehen (1), zu lernen (2) und zu überprüfen (3). Notieren Sie die Strategien in der Tabelle.

Ich nutze beim Lesen leo.org, ich übersetze mir die Wörter ins Englische, das ich sehr gut beherrsche. Mit leo.org geht es schnell und es ist ausreichend für meine Zwecke.

Ich notiere mir neue Wörter in einem Heft, in der S-Bahn lerne ich diese Wörter dann.

Wenn ich unsicher bin, ob ein Wort passt, dann google ich den Satz bzw. die Wortverbindung und schaue, ob es dafür Sätze gibt.

(1) Wortschatz verstehen	(2) Wortschatz lernen	(3) Wortschatz überprüfen
• Online-Wörterbücher, z. B. leo.org	• Vokabelheft	• Google-Recherche

b Welche Online-Ressourcen nutzen Sie für das wissenschaftliche Arbeiten?

2 Digitale Wörterbücher

a Vergleichen Sie ein Wörterbuch für Deutsch als Fremdsprache (z. B. PONS, Wahrig, etc.) mit den digitalen Wörterbüchern im Kasten. Prüfen Sie anhand von drei Wörtern nach, inwiefern sich die Informationen der Wörterbücher unterscheiden.

b Welche Vorteile bieten Ihnen digitale Korpora im Vergleich zu den klassischen Wörterbüchern? Welche Nachteile gibt es?

// ONLINE-WÖRTERBÜCHER //

Neben der Arbeit mit den „klassischen" Wörterbüchern stehen Ihnen digitale Korpora zur Verfügung, die Ihnen neue Möglichkeiten der Erschließung und Überprüfung von Wortschatz bieten. Beispiele für Korpora sind:

- das Digitale Wörterbuch der deutschen Sprache (beta.dwds.de),
- Open Thesaurus (openthesaurus.de) sowie
- das Wortschatz-Portal der Universität Leipzig (wortschatz.uni-leipzig.de).

3 Das Beispiel DWDS – Digitales Wörterbuch der deutschen Sprache

> **// DAS DIGITALE WÖRTERBUCH DER DEUTSCHEN SPRACHE //**
> Das DWDS basiert auf mehreren Wörterbüchern, unter anderem auch auf dem Deutschen Wörterbuch, das umfangreichste, jemals gedruckte Wörterbuch der deutschen Sprache. Hinzu kommen 15 Korpora, Sammlungen authentischer, geschriebener Texte, die Belege für Wörter bereitstellen. Anhand der Textbelege können Sie die Verwendung von Wörtern und Strukturen in einem authentischen Textbeispiel sehen. Seit Anfang 2016 ist die neue Beta-Version des DWDS unter beta.dwds.de verfügbar.

Wörterbücher

465 000 Einträge in verschiedenen Wörterbüchern.

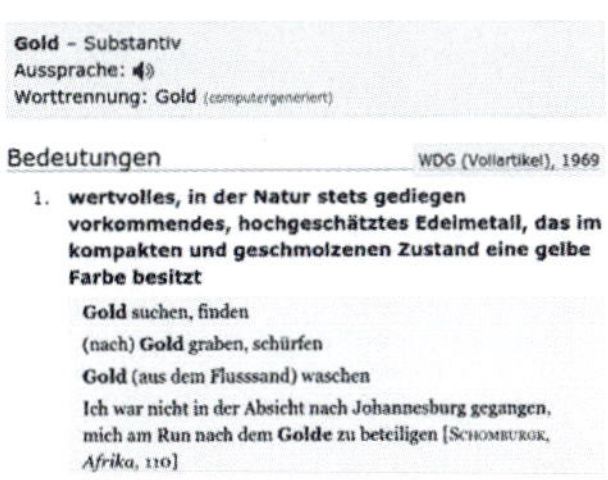

Textkorpora

Vier Milliarden Belege aus historischen und gegenwartssprachlichen Textkorpora.

Statistische Auswertungen

Häufigkeiten, typische Verbindungen und zeitliche Verläufe.

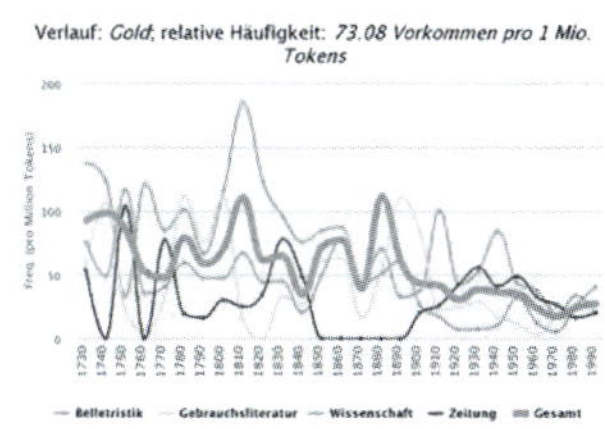

a Verschaffen Sie sich zunächst einen Überblick über das DWDS und beantworten Sie folgende Fragen:

1 Welche Wörterbücher werden vom DWDS verwendet? Was ist der OpenThesaurus?
2 Welche Textkorpora kann man benutzen? Kann man die Textauszüge nach wissenschaftlichen Texten filtern?
3 Was beinhalten die statistischen Auswertungen?

b Die Suche auf der Überblickseite: Geben Sie das Wort *erforschen* in die Suchmaske des DWDS ein. Sie erhalten viele Informationen zu dem Verb. Notieren Sie die Antworten auf folgende Fragen.

1 Was kann erforscht werden?
2 Welche Synonyme liefert der OpenThesaurus für das Verb? Können Sie erkennen, welche Synonyme umgangssprachlich, welche schriftsprachlich sind?
3 Aus welchen Textsorten stammen die Verwendungsbeispiele? Können Sie diese hier filtern?
4 Was bedeuten die groß gedruckten Wörter in den typischen Verbindungen? Was passiert, wenn Sie darauf klicken?
5 Welche weiteren Wortbildungen sind mit dem Verb *erforschen* möglich?

// WORTSCHATZ RECHERCHIEREN //
Die Abfrage eines Wortes auf der Überblicksseite gibt Ihnen zahlreiche Informationen zu einem Wort: Hier können Sie erste Informationen zum Kontext finden, in dem das Suchwort gebraucht wird, Sie können nach Synonymen suchen, Ableitungen zu einem Wort nachschlagen (z. B. wenn Sie nicht sicher sind, wie das Nomen zu einem Verb lautet), Sie können typische Wörter heraussuchen, die mit dem Wort gebraucht werden etc.

c Suche in den Textkorpora: Gehen Sie von der Startseite aus zu Textkorpora. Geben Sie das Nomen *Erforschung* ein. Entfernen Sie den Haken bei den Textsorten ‚Belletristik', ‚Gebrauchsliteratur' und ‚Zeitung'.

// FILTERFUNKTION FÜR WISSENSCHAFTLICHE TEXTE // In den Korpora können Sie die Textbeispiele nach wissenschaftlichen Texten filtern. Wählen Sie die Option ‚Datum absteigend', um moderne wissenschaftliche Textbeispiele zu erhalten. Sie erhalten eine sogenannte Konkordanzliste, eine kurze Übersicht von Textbelegen, in denen das Suchwort vorkommt. Diese können Ihnen vielfältige Auskünfte über den Gebrauch des Wortes geben.

Filterfunktion

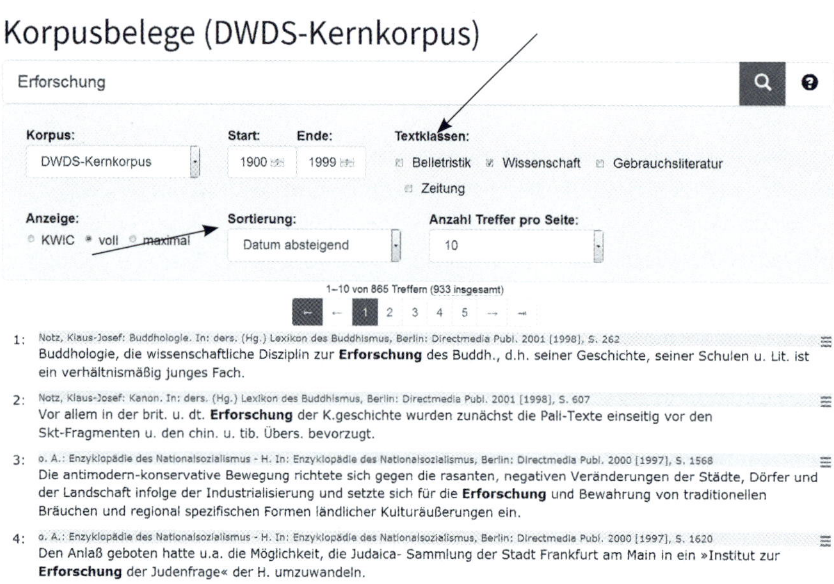

d Lesen Sie die Belege und notieren Sie die Informationen.

1. Das Nomen *Erforschung* benötigt eine Ergänzung. Wie wird diese grammatisch angefügt?
   a mit dem Genitiv
   b mit der Dativpräposition *von*
   c mit der Akkusativpräposition *für*

2. Filtern Sie typische Wendungen mit dem Nomen *Erforschung* aus den ersten 10 Textbelegen.

2: Notz, Klaus-Josef: Kanon. In: ders. (Hg.) Lexikon des Buddhismus, Berlin: Directmedia Publ. 2001 [1998], S. 607
Vor allem in der brit. u. dt. **Erforschung** der K.geschichte wurden zunächst die Pali-Texte einseitig vor den Skt-Fragmenten u. den chin. u. tib. Übers. bevorzugt.

3: o. A.: Enzyklopädie des Nationalsozialismus - H. In: Enzyklopädie des Nationalsozialismus, Berlin: Directmedia Publ. 2000 [1997], S. 1568
Die antimodern-konservative Bewegung richtete sich gegen die rasanten, negativen Veränderungen der Städte, Dörfer und

Textbeleg 2: ... in der Erforschung der Kunstgeschichte wurde ... bevorzugt.

Textbeleg 3: ... setzte sich für die Erforschung von ... ein.

Textbeleg 4: ...

// GRENZEN DES DWDS // Bei der Recherche im DWDS werden Sie mitunter feststellen, dass zu bestimmten Suchwörtern nur wenig oder gar keine Informationen angezeigt werden. Dann können Sie auf andere Suchportale bzw. auf die Suche mithilfe von Suchmaschinen ausweichen. Angaben für den grammatischen Gebrauch müssen Sie sich aus dem Wortprofil oder aus den Textbelegen erschließen bzw. ableiten, da das DWDS nicht explizit für Lerner_innen des Deutschen konzipiert wurde.

7: Luhmann, Niklas: Die Gesellschaft der Gesellschaft, Frankfurt a. M.: Suhrkamp 1997, S. 281
Wann eine entsprechende Erweiterung des Kommunikationsbegriffs beginnt, bedürfte gründlicher **Erforschung**.

// TEXTBELEGE // Die Textbeispiele zeigen Ihnen, wie Wörter in einem Satz verwendet werden können. So können Sie bei grammatischen Unsicherheiten nachlesen, können eigene Formulierungen überprüfen oder korrigieren. Sie können sich nützliche Formulierungen notieren oder gezielt Ihren Wortschatz so um Wendungen erweitern.

... X (Nominativ) bedürfte gründlicher Erforschung /
X bedarf gründlicher Erforschung
(bedürfen + Genitiv)

e Die Suche im Wortprofil: Gehen Sie zum Wortprofil und geben Sie dort das Wort *Erforschung* ein.

> **// DAS DWDS-WORTPROFIL //** Im DWDS-Wortprofil erhalten Sie viele Informationen zu den Wörtern und ihrem Gebrauch. Am wichtigsten ist hier, dass Sie auf einen Blick typische Verbindungen sehen können. Sie können hier wählen, ob Sie die typischen Verbindungen als Tabelle oder als Wortwolke dargestellt haben möchten. Die Wortverbindungen sind anklickbar, Sie gelangen dadurch zu Textbelegen und können die Wortverbindungen und ihren Gebrauch nachvollziehen.

Wortprofil als Tabelle

Suche im DWDS-Wortprofil

Lemma: Erforschung | optional: Unterschiede | Vergleichswort | stark – Assoziation

Anzahl: 20 | **min. *logDice*:** 0 | **min. Frequenz:** 5 | **Darstellung:**

1 Überblick	*logDice*	*Freq.*
Weltraums	7.4	210
systematische	6.4	154
wissenschaftliche	6.3	407
Sonnensystems	5.9	59
Genoms	5.7	59
Lebensbedingungen	5.7	68
Max-Planck-Institut	5.7	66
Mars	5.6	51
Planeten	5.6	99

4 hat Adjektivattribut	*logDice*	*Freq.*
systematische	8.0	154
wissenschaftliche	6.8	407
historisch-kritischen	6.8	11
archäologische	6.8	38
empirische	6.7	37
gründliche	6.6	45
interdisziplinären	6.6	21
vorurteilsfreie	6.5	7
unvoreingenommene	6.4	8

7 ist Akk./Dativ-Objekt von
harrt
verschrieben
widmet
voranzutreiben
forcieren
dienen
behindern
zuwandte
voranbringen

2 ist in Präpositionalgruppe	*logDice*	*Freq.*
Max-Planck-Institut zur	7.6	64
Zentrum zur	7.3	120
Methoden zur	6.8	27
Institut zur	6.7	246
Expedition zur	6.7	20
Projekt zur	6.7	85
Verdienste um	6.6	29
Arbeitskreis zur	6.5	17
Kommission zur	6.4	64

5 hat Genitivattribut	*logDice*	*Freq.*
Weltraums	9.8	208
Ursachen	9.3	149
Phänomens	8.3	79
Lebensbedingungen	8.3	68
Planeten	8.1	88
Zusammenhänge	8.0	68
Krankheiten	8.0	119
Mars	7.9	49
Sonnensystems	7.9	56

8 hat in Koordination mit
Nutzung
Benutzung
Erschließung
Erprobung
Entdeckung
Darstellung
Behandlung
Bekämpfung
Ausbeutung

3 hat Prädikativ	*logDice*	*Freq.*
Aufgabe	4.2	13
interessant	4.1	8
schwierig	3.4	13
wichtig	2.8	19
teuer	2.7	6
notwendig	2.4	7
möglich	2.1	16

6 ist Subjekt von	*logDice*	*Freq.*
voranschreitet	6.4	11
erschwert	6.4	20
fortgeschritten	5.4	6
aussteht	5.2	14
vorangekommen	4.0	5
steckt	3.8	30
erfordert	3.7	9

9 hat Präpositionalgruppe
von Wirtschaftssystemen
von Tropenkrankheiten
von Gemeinschaftsgütern
von Krankheitsursachen
von Impfstoffen
von Infektionskrankheiten
von Erbkrankheiten

Wortprofil in der Wolkenansicht

Suche im DWDS-Wortprofil

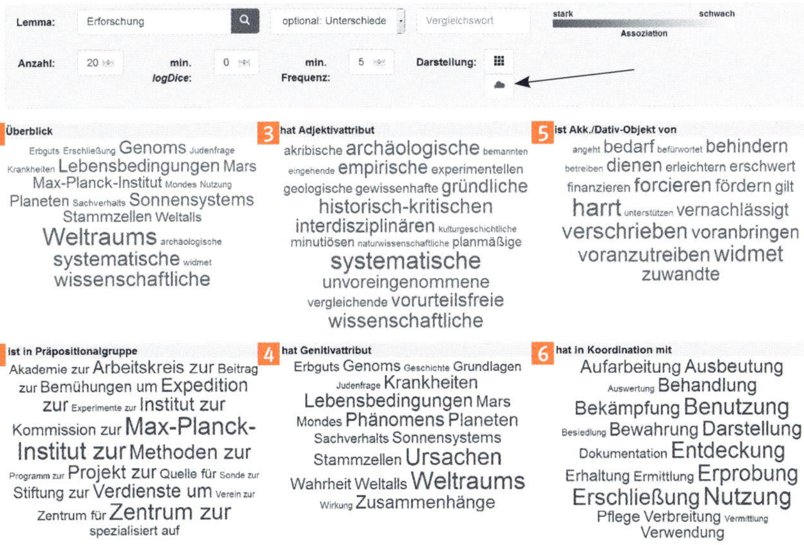

> **// HÄUFIGKEIT DES GEBRAUCHS //** Beide Darstellungsweisen zeigen Ihnen die am häufigsten gebrauchten Wörter an. In der Tabellenform sehen Sie Zahlen, die Wörter werden nach Häufigkeit aufgelistet, d.h. die frequentesten Wörter stehen in der Übersicht oben. In der Wolkenansicht sind die am häufigsten gebrauchten Wörter am größten dargestellt.

Hier sehen Sie nach grammatischer Funktion sortiert, wie die Wörter verwendet werden.

1 Der **Überblick** zeigt Ihnen die am häufigsten mit dem Suchwort vorkommenden Wörter.
2 **Ist in Präpositionalgruppe** bedeutet, das Wort kommt in diesen Wortgruppen mit Präposition vor.
3 **hat Prädikativ**: Das bedeutet, es wird mit dem gezeigten Wort und dem Verb ‚sein' benutzt.
4 **hat Adjektivattribut**: Diese Adjektive stehen oft vor dem gesuchten Wort.
5 **hat Genitivattribut**: Diese Genitivkonstruktionen stehen oft nach dem Suchwort.
6 **ist Subjekt von**: Das Suchwort ist in Sätzen mit diesen Wörtern das Subjekt.
7 **Akkusativ-/Dativ-Objekt**: Hier dient das Suchwort als entsprechendes Objekt im Satz.
8 **in Koordination mit**: Diese Wörter stehen oft mit dem Suchwort in einem Satz.
9 **hat Präpositionalgruppe**: Diese Präpositionen stehen oft nach dem Suchwort.

f Ergänzungen: Notieren Sie die häufigsten Wörter, die mit den angegebenen Suchwörtern vorkommen. Arbeiten Sie mit der jeweils in Klammern angegebenen Kategorie.

1 die Problemstellung: (Überblick) komplexe, interdisziplinäre, ____________

2 die Herangehensweise: (hat Präposiotionalgruppe) ____________

3 Methodik (ist Akk.-/Dativobjekt von): ____________

4 begründen (hat Akk.-/Dativobjekt): ____________

5 schlüssig (ist Adverbialbestimmung von): ____________

g Nomen-Verb-Verbindungen: Notieren Sie maximal drei Verben, mit denen diese Nomen gebraucht werden können. Notieren Sie auch mögliche Präpositionen. Geben Sie das Wort ein und sehen Sie sich die Ergebnisse bei „ist Akkusativ-/Dativobjekt von …" an. Dort finden Sie typische Nomen-Verb-Verbindungen. Mögliche Präpositionen finden Sie durch einen Klick auf die Verben heraus. So bekommen Sie die Textbelege angezeigt.

Nomen-Verb-Verbindungen

Suche im DWDS-Wortprofil

Lemma: Kritik | optional: Unterschiede | Vergleichswort

stark — schwach
Assoziation

Anzahl: 20 | **min. *logDice*:** 0 | **min. Frequenz:** 5 | **Darstellung:**

Überblick	*logDice*	*Freq.*
übte	9.7	15647
scharfe	9.3	11703
heftige	9.3	11132
zurückwies	8.3	6568
stößt	8.2	7505
harsche	8.0	3558
massive	8.0	4162
geraten	7.4	4988

hat Adjektivattribut	*logDice*	*Freq.*
scharfe	11.1	11540
heftige	11.1	11057
harsche	10.3	3530
massive	9.8	4143
berechtigte	8.6	1149
herbe	8.6	1103
deutliche	8.5	2076
geäußerte	8.4	966

ist Akk./Dativ-Objekt von	*logDice*	*Freq.*
übte	12.1	11144
zurückwies	10.6	5605
wies	9.8	3285
äußerte	9.8	2731
erneuerte	8.8	873
hagelte	8.6	737
einstecken	8.5	677
erntete	8.4	709

1: Die Zeit, 26.10.2009, Nr. 43
Die künftige Opposition **übte** scharfe **Kritik** an den Plänen der neuen Regierung.

2: Die Zeit, 20.04.2009, Nr. 17
Der **übte** indirekte **Kritik** an dem Verfahren und forderte einen fairen Prozess.

3: Die Zeit, 07.11.2008, Nr. 46
Schon Monate vorher wurde ich angefeindet, weil ich offen **Kritik geübt** habe und Interesse an anderen politischen Positionen hatte.

NOMEN	**VERBEN MIT PRÄPOSITIONEN**
1 Kritik	Kritik üben an + D, Kritik zurückweisen, Kritik äußern …
2 Blickpunkt	
3 Konsequenzen	
4 Vorrangstellung	
5 Vorschlag	
6 Theorie	

h Abstrakta als Subjekt: In Kombination mit welchen Verben kann *Kritik* das Subjekt eines Satzes sein? Notieren Sie Beispiele (➔ Kapitel C: Subjektschub).

> **// TIPP //** Diese Verben finden Sie in der Rubrik ‚ist Subjekt von'.

Suche im DWDS-Wortprofil

Lemma: Kritik | optional: Unterschiede | Vergleichswort | stark – schwach (Assoziation)

Anzahl: 20 | **min. *logDice*:** 0 | **min. Frequenz:** 5 | **Darstellung:**

Überblick	*logDice*	*Freq.*
übte	9.7	15647
scharfe	9.3	11703
heftige	9.3	11132
zurückwies	8.3	6568
stößt	8.2	7505
harsche	8.0	3558
massive	8.0	4162
geraten	7.4	4988
äußerte	7.4	4428

hat Adjektivattribut	*logDice*	*Freq.*
scharfe	11.1	11540
heftige	11.1	11057
harsche	10.3	3530
massive	9.8	4143
berechtigte	8.6	1149
herbe	8.6	1103
deutliche	8.5	2076
geäußerte	8.4	966
harte	8.2	2112

ist Akk./Dativ-Objekt von
übte
zurückwies
wies
äußerte
erneuerte
hagelte
einstecken
erntete
bekräftigte

ist in Präpositionalgruppe	*logDice*	*Freq.*
stößt auf	10.2	7104
geraten in	9.4	3021
geraten in	9.1	4656
verteidigt gegen	8.5	1117
reagiert auf	8.5	2209
zurückhält mit	8.3	809
spart mit	7.9	684
wehrt gegen	7.7	637
Anlaß zur	7.3	462

hat Genitivattribut	*logDice*	*Freq.*
Vernunft	10.3	1123
Opposition	9.2	835
Urteilskraft	9.1	288
Rechnungshofes	8.7	252
Ökonomie	8.5	225
Aktionäre	8.0	213
Bundesrechnungshofes	7.8	133
Gewerkschaften	7.4	270
Medien	7.2	167

hat in Koordination mit
Publikum
Selbstkritik
Lob
Anregungen
Zweifel
Unverständnis
Essays
Spott
Skepsis

hat Prädikativ	*logDice*	*Freq.*
laut	11.2	1467
lauter	10.0	255
schärfer	9.1	163
unberechtigt	9.0	105
Kritik	8.8	85
berechtigt	8.5	71
heftig	8.3	75
leiser	8.1	64
überzogen	8.0	52

hat vergl. Wortgruppe	*logDice*	*Freq.*
als Lob	10.3	17
als Beifall	9.8	5
als Polemik	9.6	6
als Majestätsbeleidigung	9.5	5
als Zustimmung	9.2	12
als Einmischung	8.7	14
als Institution	7.2	10
als Beleidigung	7.2	5
als Angriff	6.6	6

ist Subjekt von
übte
richtet
entzündet
verstummt
berechtigt
zurückwies
regt
zielt
wächst

Die Kritik richtet sich gegen + Akkusativ

Die Kritik entzündet sich an + Dativ

Die Kritik verstummte …

Kritik regt sich …

> **// ERGEBNISSE ÜBERPRÜFEN //**
> Überprüfen Sie stets Ihre Ergebnisse anhand der Textbelege. Nicht immer stimmt das Ergebnis des DWDS.

Wortschatzerwerb mittels Chunks

1 Was sind Chunks?

a Lernen Sie das Herstellen von Chunks: Lesen Sie dazu die „Anleitung“.

> // **CHUNKS** // Chunks sind relativ feste Formulierungen, die musterhaft sind und Leerstellen offenlassen, sodass man sie an den jeweiligen Kontext anpassen kann. Chunks werden vom Gedächtnis als Einheit gespeichert und können als Ganzes auch in der Textproduktion verwendet werden (vgl. Heringer 2009: 10).

So stellen Sie selbst Chunks her:

- Streichen Sie in einem für Sie interessanten Text alles, was ersetzt bzw. angepasst werden könnte, durch. So entstehen Leerstellen, die Sie dann an Ihre Texte anpassen können.
- Notieren Sie, welche Möglichkeiten Sie haben, die Leerstellen zu füllen. Recherchieren Sie gegebenenfalls im DWDS.
- Notieren Sie die nötigen grammatischen Informationen.

Dieser ~~Beitrag~~ orientiert sich an ~~meinem Dissertationsprojekt zur Aufnahme von inkongruentem Verstehen bei der Rezeption von Fachtexten ausländischer Studierender der Wirtschaftswissenschaften.~~

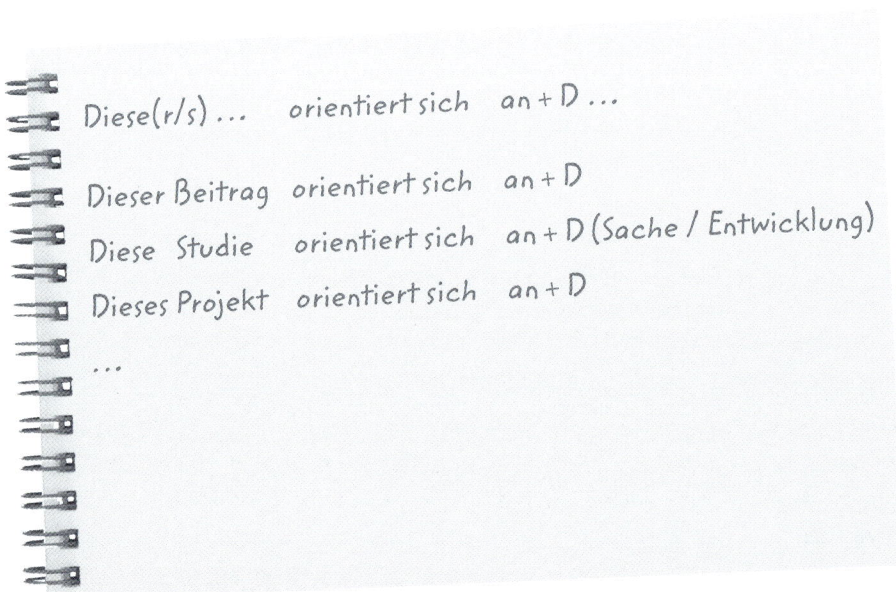

b Stellen Sie weitere Chunks auf der Grundlage des folgenden Textausschnitts einer Einleitung her und notieren Sie diese. Vergleichen Sie anschließend im Kurs.

> Dieser Beitrag orientiert sich an meinem Dissertationsprojekt zur Aufnahme von inkongruentem Verstehen bei der Rezeption von Fachtexten ausländischer Studierender der Wirtschaftswissenschaften. Zunächst wird in einer Einführung das Anliegen und Erkenntnisinteresse der Dissertation vorgestellt. Der zweite Abschnitt erörtert theoretisch fundiert, welche Fachtextrezeptionskompetenzen erwartet werden. Dabei stehen zentrale Definitionen im Mittelpunkt, die hinsichtlich der Anforderungen an die Fachtextverarbeitung durch ausländische Studierende ausgelegt werden. Diese Anforderungen bilden die Grundlage der empirischen Arbeit, die hier beispielhaft in Abschnitt drei dargestellt wird. Ausgehend vom Forschungsansatz präsentiert dieser Beitrag eine Möglichkeit der Dateninterpretation zur Ermittlung von inkongruentem Verstehen (Leseverstehensproblemen). Abschließend werden die ersten Ergebnisse hinsichtlich ihrer Relevanz zum Erkenntnisinteresse diskutiert.
>
> (aus: Großmann 2006, S. 9)

c Schreiben Sie unter Nutzung Ihrer Chunks aus Aufgabe 1b eine kurze Einleitung zu einem Text, der auf der folgenden Gliederung basiert:

Neuere Erkenntnisse zum Wortschatzerwerb fortgeschrittener Fremdsprachenlerner_innen

1 Untersuchungen zum Wortschatzerwerb fortgeschrittener Fremdsprachenlerner_innen
2 Lerntheorien
3 Chunking-Theorie / neue Ansätze zum Wortschatzlernen
4 Unterrichtseinheit zur Wortschatzarbeit in der Oberstufe mit Chunks
5 Weitere Unterrichtssequenzen
6 Evaluation: Effektivität der Chunking-Methode

Dieser Beitrag orientiert sich an meinen Untersuchungen zum Wortschatzerwerb fortgeschrittener Fremdsprachenlerner_innen. Zunächst werden …

> **// CHUNKS LERNEN //** Um Chunks zu lernen, sollten Sie immer Kasus, Präpositionen sowie mögliche Ergänzungen, z. B. Adjektive notieren. Geben Sie zudem stets an, ob es um eine Sache, eine Person oder eine Theorie geht. Gabriele Graefen und Melanie Moll (2011: 12) haben eine Systematik entwickelt, sie verwenden folgende Abkürzungen: X für Gegenstand / Tatsachen oder Sachverhalte, F für Forscher_in und T für Theorie. Sie können aber auch Ihr eigenes System entwickeln.

[redacted]

TABUFRAGE

> Warum soll ich mich als Ausländer_in so genau mit der AWS beschäftigen? Wenn ich die AWS sehr gut beherrsche, verliere ich doch meinen „Ausländerbonus"!!

TEST

a Komposita prüfen: Prüfen Sie anhand des DWDS, ob die folgenden, von Student_innen gebildeten Komposita existieren.

1 Kontrollfähigkeit ☑
2 Privatisierungsschritt ☐
3 Arbeitssphäre ☐
4 Studiumteilnehmer ☐
5 Gewaltsbereitschaft ☐
6 Lehrensstrategie ☐

> // **KOMPOSITA PRÜFEN** // Wenn Sie Komposita selbst bilden, sollten Sie deren Existenz überprüfen.

b Texte prüfen: Kontrollieren Sie die folgenden Formulierungen aus studentischen Texten hinsichtlich ihrer semantischen und grammatischen Korrektheit. Notieren Sie jeweils, mit welchem Tool (Wortprofil, Korpus …) Sie gearbeitet haben.

1 Im neunzehnten Jahrhundert gründeten sich in Europa mehrere moderne Nationen, die zum Teil durch kriegerischen oder revolutionären Prozesse entstanden.
2 Griechenland rebellierte sich gegen die „Tourkokratia" (türkische Herrschaft) während einer achtjährigen Revolution, die im Jahre 1829 endete.
3 Zur gleichen Zeit im Westen wurden die Länder, die gegen Frankreich, geführt von Napoleon, kämpften, deren Identität immer bewusster.
4 Auf der kulturellen Ebene interessierte sich die gebildete Elite Europas seit der humanistischen Strömung des 16. Jahrhunderts und besonders dank der Aufklärung im 18. Jahrhundert für die antike Welt großenteils für die griechische Zivilisation.

C

// Unterschiede zwischen populärwissenschaftlichen und wissenschaftlichen Texten erkennen // stilistische Merkmale und Normen wissenschaftlicher Texte kennenlernen und anwenden // ihre kulturelle und fachspezifische Prägung verstehen //

// KOMPLIZIERTE STRUKTUREN ENTSCHLÜSSELN //

Grammatik wissenschaftlicher Texte

Mein Fach ist berühmt-berüchtigt für seine exzentrische Sprache. Begriffen wie ‚Diskurs', ‚Interaktion' oder ‚System' folgen oft seitenlange Erklärungen und Diskussionen. Mein ganzes Studium über muss ich viel lesen, oft 300 Seiten pro Woche. Manchmal bin ich frustriert und frage mich: Müssen die Texte so kompliziert sein? Geben die Autoren ihren Ideen und Gedanken mehr Bedeutung, als sie tatsächlich haben? Verwenden sie absichtlich umständliche Formulierungen? Wollen sie überhaupt verstanden werden?

- Worüber berichtet der Soziologiestudent?
- Was ist das gemeinsame Thema von Illustration und Text?
- Welche Leseerfahrungen haben Sie mit deutschsprachigen Wissenschaftstexten?

Die Lesbarkeit wissenschaftlicher Texte

1 Ein populärwissenschaftlicher und ein wissenschaftlicher Text im Vergleich

a Lesen und vergleichen Sie die Texte A und B. Welcher Text ist einfacher zu lesen?

Text A:

Die Sammelleidenschaft des Menschen

VON J. H. REICHHOLF

Evolutionsbiologen beschäftigen sich seit geraumer Zeit mit der Sammelleidenschaft des Menschen. Der Mensch sammelt die unterschiedlichsten Gegenstände, unabhängig von ihrem materiellen Wert. […] Keineswegs stellt das Sammeln lediglich das Anhäufen nutzloser Gegenstände zum Zeitvertreib dar, wie gemeinhin angenommen wird. Vielmehr kommt dem Sammeln in vielerlei Hinsicht eine wichtige Rolle zu. Wie kommt also diese Sammelleidenschaft zustande, und welche Funktion hat sie? Die Sammelleidenschaft kann am stärksten in der Kindheit konstatiert werden, in einem Alter also, in dem Nützlichkeitserwägungen noch keine Rolle spielen können. Kinder beginnen in der Regel schon früh, oft unvermittelt und intensiv mit dem Sammeln. Das Sammeln bestimmter Gegenstände muss also schon in der Kindheit etwas außerordentlich Wichtiges sein. […]

(aus: Psychologie Heute, 04 / 2001)

Text B:

Unterstützung des akademischen Schreibens in der Fremdsprache Deutsch durch den Einsatz digitaler Medien

VON INES PALAND

Der moderne, handlungsorientierte Sprachunterricht geht davon aus, dass nicht nur die Inhalte selbst den Spracherwerb befördern, sondern vor allem die Auseinandersetzung (Zielsetzung, Interaktion, Handeln) mit den Inhalten nachhaltigen Spracherwerb bewirkt. Aus diesem konstruktivistischen Verständnis heraus lässt sich auch der Einsatz von digitalen Arbeitswerkzeugen schlüssig begründen: Der Lerner befindet sich im Mittelpunkt des Lernprozesses und steuert ihn. Für die Erschließung der Lernumgebung benötigt er geeignete Werkzeuge, die er selbst zu finden und zu nutzen hat: Hierzu zählen interaktive Lexika, Thesauri, Mind-Mapping-Tools etc. Mediale Angebote können die dafür passenden Werkzeuge zur Verfügung stellen. Selbstverständlich kann dies nicht ohne gewisse Steuerung geschehen: Die Lehrkräfte übernehmen in einem solchen Modell jedoch in erster Linie Funktionen als Mentoren, Trainer oder Lernberater. Auch bei akademischen Schreibprozessen steht immer schon der Studierende als Produzent im Zentrum der Aufmerksamkeit, der Schreibberater gibt lediglich Hinweise zur Verbesserung der eigenen Arbeitsstrategien, worunter auch die Nutzung adäquater elektronischer Arbeitswerkzeuge fällt.

(aus: Paland 2010, S. 159)

b **Prüfen Sie die sprachlichen Strukturen der beiden Texte: Notieren Sie am Rand, um welche der unter Aufgabe 1c aufgelisteten Strukturen es sich handelt.**

c **Welche Strukturen überwiegen in den jeweiligen Texten? Kreuzen Sie an.**

	Text A	Text B
1 einfache Hauptsätze	X	
2 eher komplexere Satzstrukturen		
3 Partizipialkonstruktionen		
4 Passiv / Passiversatz		
5 Aktiv		
6 Nominalisierungen		
7 Fremdwörter		

// WISSENSCHAFTLICHE FACHLITERATUR // Vor Beginn Ihres Studiums sind Sie vermutlich noch nicht viel mit wissenschaftlicher Literatur in Berührung gekommen. Prüfungen wie TestDaF oder DSH testen Ihr Leseverständnis anhand journalistischer und populärwissenschaftlicher Texte. Wissenschaftliche Fachliteratur ist durch einen anderen Stil gekennzeichnet – sie gilt als sachlich, unpersönlich und objektiv. Vermutlich werden Sie wegen der fehlenden Übungspraxis solche Texte zunächst als schwieriger empfinden.

d **Suchen Sie für jede Struktur ein Beispiel aus den Texten heraus und tragen Sie die Beispiele in der Tabelle ein.**

Struktur	Beispiel
1 einfache Hauptsätze	Evolutionsbiologen beschäftigen sich seit geraumer Zeit mit der Sammelleidenschaft des Menschen.
2 eher komplexere Satzstrukturen	
3 Partizipialkonstruktionen	
4 Passiv / Passiversatz	
5 Aktiv	
6 Nominalisierungen	
7 Fremdwörter	

Gebote und Verbote für das wissenschaftliche Schreiben

1 Sachlichkeits- und Abstraktionsgebot

a Lesen Sie den folgenden Text und tauschen Sie sich über die beschriebene Situation aus. Was ist passiert?

Martha Seda – Austauschstudentin aus Caracas – studiert seit einem Jahr an einer deutschen Universität Soziologie. Im vergangenen Semester hat sie ihre erste Seminararbeit auf Deutsch geschrieben. Sie hat intensiv daran gearbeitet und ist nun sehr zufrieden mit dem Ergebnis. Sie geht in die Sprechstunde ihrer Dozentin, um mit ihr über ihre Arbeit zu sprechen. Besonders freut sie sich darauf, ihre Thesen zu diskutieren.

Aber es kommt ganz anders als erwartet. Die Dozentin verlangt, dass Martha ihre Arbeit überarbeitet und gibt ihr folgende Hinweise:

„Sie haben offensichtlich viel Arbeit investiert, in einer schönen, ausdrucksstarken Sprache zu schreiben. Aber darum geht es in der Soziologie nicht. Hier geht es um Sachlichkeit und Abstraktion. Sie müssen in Ihrem Text ein einheitliches Fachvokabular benutzen. Schreiben Sie im Nominalstil und keinesfalls in der ersten Person Plural – das ist heutzutage völlig veraltet."

// **WISSENSCHAFTSKULTUR** // Der wissenschaftliche Stil ist nicht in allen Ländern gleich, sondern variiert im Gegenteil sehr stark, abhängig von der Wissenschaftskultur im jeweiligen Land. So sind in den Ländern mit romanischer Sprache elegant geschriebene Texte, die einen Lesegenuss bereiten, hoch angesehen.

b **Was sind in den Wissenschaftskulturen, die Sie kennen, die wichtigsten Vorgaben für einen wissenschaftlichen Stil? Markieren Sie diese im Infokasten und tauschen Sie sich aus.**

> **// SACHLICHKEITS- UND ABSTRAKTIONSGEBOT //** In der bundesdeutschen Wissenschaftskultur sind das Sachlichkeits- und das Abstraktionsgebot die wichtigsten Vorgaben, die wissenschaftliche Texte erfüllen müssen. Texte gelten dann als wissenschaftlich, wenn ihre Sprache sachlich und abstrakt ist.
>
> Das **Sachlichkeitsgebot** heißt:
> - kein Sarkasmus oder Zynismus, keine Ironie oder Polemik;
> - kein Niederschreiben, keine Herabsetzung, kein Angreifen von Gegnern;
> - kein Eigenlob durch das Herausstellen von Leistungen und Verdiensten;
> - keine Schmeicheleien des Lesepublikums.
>
> Das **Abstraktionsgebot** heißt:
> - beim Schreiben von der eigenen Person absehen;
> - auf Hinweise auf sich selbst verzichten, z. B. private Lebensumstände, persönliche Erlebnisse und Vorlieben;
> - die politische Gesinnung unerwähnt lassen.

c **Warum sind die folgenden Textbeispiele weder sachlich noch abstrakt? Ordnen Sie den Textbeispielen A, B und C die passende Begründung zu.**

1 Geschildert werden informelle Kommunikationsprozesse.
2 Der Autor schreibt über Persönliches.
3 Die Autorin polemisiert gegen den Autor, dessen Arbeit sie beurteilt.

☐ **A** Dem Autor der Studie ergeht es wie den berühmtesten Höhlenbewohnern der europäischen Geistesgeschichte. Wie für die Gefangenen ist auch für ihn das, was sich auf der Wand abspielt, die gesamte Wirklichkeit und Wahrheit. Würde er doch nur den Ursprung der Schatten erblicken!

☐ **B** Die Laborversuche unseres Forschungsteams erbrachten widersprüchliche Ergebnisse. Wir diskutierten heftig und oft bis in die Nacht hinein, gern bei dem einen und dem anderen Glas Wein, und einigten uns letztendlich auf die plausibelste Deutung, die wir im Folgenden darlegen.

☐ **C** In vielen Familien wird über die Beteiligung von Familienangehörigen an den Verbrechen der Nationalsozialisten nicht gesprochen. So auch in meiner eigenen Familie: Alle wissen, dass mein Großvater in der Wehrmacht war, aber keiner spricht darüber.

d Welche der beiden Varianten entspricht den Konventionen des wissenschaftlichen Stils? Kreuzen Sie an.

☐ **1A** 20 % der Jugendlichen in der Europäischen Union sind unfassbar engagiert: Sie artikulieren politische Forderungen, indem sie mit einem Mausklick Online-Petitionen unterstützen.

☐ **1B** 20 % der Jugendlichen in der Europäischen Union sind politisch aktiv, indem sie Online-Petitionen unterstützen.

☐ **2A** Auch der wirtschaftsfreundlichste Bundestagsabgeordnete muss kapieren, dass der gnadenlose Lobbyismus der Wirtschaftsverbände die repräsentative Demokratie gefährdet.

☐ **2B** Die Abgeordneten des Deutschen Bundestags sollten sich damit auseinandersetzen, dass der Lobbyismus der Wirtschaftsverbände reguliert werden muss, um die repräsentative Demokratie keiner Gefährdung auszusetzen.

☐ **3A** Meine Forschungsergebnisse beweisen die positive Korrelation der Erderwärmung mit der Raumfahrt.

☐ **3B** Nach langen Jahren uneigennütziger Forschung konnte ich auf geniale Art und Weise die positive Korrelation der Erderwärmung mit der Raumfahrt beweisen.

☐ **4A** Die freie Marktwirtschaft fördert die demokratische Entwicklung der Staaten der sogenannten Dritten Welt.

☐ **4B** Das verehrte Publikum wird mir ohne zu zögern darin zustimmen, dass die freie Marktwirtschaft die demokratische Entwicklung der Staaten der sogenannten Dritten Welt fördert.

e Wodurch verletzt die unwissenschaftliche Variante das Sachlichkeits- und das Abstraktionsgebot? Ordnen Sie die nicht angekreuzten Sätze aus Aufgabe 1d den Kategorien zu.

☐ Eigenlob ☐ Polemik ☐ Schmeichelei ☐ Ironie

2 Erzähl-, Unterhaltungs- und Affektverbot

a Darf man als Autor_in eines wissenschaftlichen Textes in Ihrem Herkunftsland erzählen, unterhalten und Gefühle erregen? Tauschen Sie sich aus.

// ERZÄHL-, UNTERHALTUNGS- UND AFFEKTVERBOT //

Aus dem Sachlichkeits- und Abstraktionsgebot ergeben sich drei Verbote für das wissenschaftliche Schreiben. Das ERZÄHLVERBOT: keine Alltagshandlungen der wissenschaftlichen Praxis schildern, sondern von den Ergebnissen ausgehend schreiben. Das UNTERHALTUNGSVERBOT: keinen Humor zum Einsatz bringen, keine Anekdoten, Sprichwörter und populären Zitate verwenden, auf Spannungsbogen und Dramatik verzichten. Das AFFEKTVERBOT: Distanz gegenüber dem Untersuchungsgegenstand bewahren, keine Gefühle mitteilen, keine emotionale Bewegtheit des lesenden Gegenübers herstellen, z. B. Mitgefühl erregen, Missstände skandalisieren oder zum Handeln animieren.

b Gegen welches Verbot wird in den folgenden Beispielen verstoßen? Ordnen Sie die Texte den drei Verboten in der Tabelle zu.

Erzählverbot	Unterhaltungsverbot	Affektverbot
		Text 1, ...

1 Der jährliche Armutsbericht der Bundesregierung deckt die empörende Kluft zwischen Arm und Reich auf: 2007 hortete ein Zehntel der Bevölkerung rund 60 Prozent des Gesamtvermögens.

2 An dieser Stelle sei nur angedeutet, dass die vorliegende Studie bemerkenswerte, aber auch widersprüchliche Ergebnisse zutage förderte. Nach der Darlegung der Vorarbeiten anderer, der zugrundeliegenden Theorie sowie der angewendeten Methode werde ich darauf zurückkommen.

3 Zunächst folgte ich der Annahme, die Befunde seien atypisch. Nachdem ich meine Ergebnisse in verschiedenen Forschungszusammenhängen diskutiert hatte (Kolloquium, internationale Fachtagung), kam ich zu dem Schluss, nicht meine Vorgehensweise in Frage zu stellen, sondern meine Deutung.

4 Der Geschäftsführer forderte mich auf, die praktische Relevanz und den „Gebrauchswert“ meiner Forschung für sein Unternehmen darzulegen. Dass er eine Kosten-Nutzen-Rechnung aufstellte, machte ihn mir sofort unsympathisch.

// RHETORIK IN DER DEUTSCHEN WISSENSCHAFTSTRADITION // Warum das Erzähl-, Unterhaltungs- und Affektverbot besteht, wird deutlich, wenn man sich mit der Rhetorik in der deutschen Wissenschaftstradition beschäftigt. Im 18. Jahrhundert – dem Zeitalter der Aufklärung – wird die Rhetorik mit der „rationale[n] Überzeugungsherstellung“ (Ueding / Steinbrink 1994: 103) gleichgesetzt. Als legitim gilt nur noch, mit Hilfe der Vernunft zu überzeugen. Das Publikum auch auf anderen Ebenen anzusprechen, es zu unterhalten oder zu bewegen, wird nur noch notgedrungen geduldet, nämlich als Zugeständnis an die schlechte Bildung weiter Bevölkerungsschichten (ebd.: 104 f.). Diese Maßgabe wirkt bis heute fort.

c Vergleichen Sie die beiden Aussagen. Wie wirken die Sätze auf Sie?

1 Es gilt zu erforschen, inwieweit steuernde Eingriffe in die Strukturen und Prozesse vorgenommen und nachhaltige Veränderungen herbeigeführt werden können.

2 Es gilt zu erforschen, inwieweit steuernde Eingriffe in die Strukturen und Prozesse vorgenommen und nachhaltige Veränderungen herbeigeführt werden können!

// SPARSAM HERVORHEBEN // Hervorhebungen können die seriöse Wirkung Ihrer Arbeit schmälern. Verzichten Sie deshalb in wissenschaftlichen Texten auf Ausrufezeichen und gehen Sie mit Unterstreichungen, Versalien, Sperrung, Fettdruck und Kursivdruck sehr sparsam um.

d Welche Adjektive in den folgenden Nominalphrasen sind neutral, welche positiv und welche negativ konnotiert? Verwenden Sie folgende Kürzel: neutral = /, positiv = +, negativ = –.

1	bemerkenswerte These	+	12	unerhörte Ansicht	
2	fragwürdiger Blickwinkel	–	13	relevante Ergebnisse	
3	vergleichbare Fälle	/	14	unhaltbare Annahmen	
4	zweckmäßiges Vorgehen		15	vernichtendes Urteil	
5	nützliches Instrumentarium		16	hauptursächliche Faktoren	
6	denkwürdige Theorie		17	weiterführende Literatur	
7	zweifelhafte Aussage		18	kluge Analyse	
8	natürliche Verhaltensweise		19	grundsätzliche Annahme	
9	nebensächliche Frage		20	vielversprechende Befunde	
10	triviale Feststellung		21	bruchstückhaftes Wissen	
11	redundanter Vortrag				

// SPARSAM MIT ADJEKTIVEN // Auch Adjektive können die Wirkung Ihrer Arbeit leicht beeinträchtigen. Verwenden Sie daher Adjektive sparsam und prüfen Sie, ob Sie die mit den Adjektiven transportierten Wertungen tatsächlich vermitteln möchten. Auf Superlative sollten Sie gänzlich verzichten.

e Welche der folgenden Aussagen treffen Ihrer Meinung nach zu und welche nicht? Kreuzen Sie an und diskutieren Sie.

Das Erzählverbot

- ☐ ist eine Ursache dafür, dass sich wissenschaftliche Texte innerhalb einer Fachdisziplin stilistisch sehr ähneln.
- ☐ sorgt für eine gute Lesbarkeit wissenschaftlicher Texte, da alle Informationen stark verdichtet werden.

Das Unterhaltungsverbot

- ☐ verhindert, dass sich Wissenschaftler_innen einen guten Ruf erarbeiten können, indem sie einen individuellen Schreibstil entwickeln.
- ☐ führt dazu, dass lediglich die Vorwörter von wissenschaftlichen Publikationen eine persönliche Note haben.

Das Affektverbot

- ☐ bringt langweilige Texte hervor.
- ☐ kann eine Verständnisbarriere zwischen Autor_in und Leser_in errichten.

// FUNKTION VON GEBOTEN UND VERBOTEN // Die Gebote und Verbote verleihen den wissenschaftlichen Texten auf der sprachlichen Ebene Autorität. Auf der inhaltlichen Ebene erhalten wissenschaftliche Texte Autorität, indem die Standards wissenschaftlichen Arbeitens (➔ Band 2) realisiert werden. Beide Ebenen, die inhaltliche und die sprachliche, sind miteinander verwoben.

Wissenschaftstexten Autorität verleihen

1 Komplexität und Schwierigkeitsgrad

a Sammeln Sie, angeregt durch den Textauszug, was deutsche wissenschaftliche Texte „trocken und unlesbar wie eine Handvoll feinen Sandes" machen kann.

„Zumindest als Stereotype sind die deutsche Wissenschaftssprache und ihre Institutionen im 21. Jahrhundert weiterhin sehr wohl präsent. Gerade im angelsächsischen Sprachraum; dort allerdings gewöhnlich in nicht allzu schmeichelhafter Form. ‚Mein neues Forschungsgebiet' – so lässt zum Beispiel der amerikanische Schriftsteller Jonathan Lethem seinen Wissenschaftler-Helden in einem klugen Campus-Roman 2002 sinnieren –, war irrelevant, aber bedeutungsvoll. Die Ergebnisse erschienen ausschließlich in deutscher Übersetzung, und zwar in der Zeitschrift VOS, *Veröffentlichen oder Sterben*: Aufsätze mit unendlich langen Fußnoten, trocken und unlesbar wie eine Handvoll feinen Sandes'."

(aus: Groebner 2012, S. 18)

> **// KLAR UND VERSTÄNDLICH FORMULIEREN //** Um wissenschaftlichen Texten auf der sprachlichen Ebene Autorität zu verleihen, ist es nicht notwendig, möglichst komplexe Sätze zu bilden und möglichst viele Fachbegriffe zu verwenden. Im Gegenteil: Auch Klarheit und Verständlichkeit sind Qualitätsmerkmale wissenschaftlicher Texte. Allerdings sind diese Merkmale gerade in den Geistes-, Kultur- und Sozialwissenschaften nicht immer anzutreffen, sodass Sie mit komplizierten und schwer verständlichen Texten konfrontiert sein können (➔ Kapitel D).

2 Der / die Autor_in im Text

> **// SELBSTBEWUSST FORMULIEREN //** Von Ihnen wird erwartet, dass Sie sich mit der gelesenen Fachliteratur kritisch auseinandersetzen und Ihre eigenen Einschätzungen und Kommentare in Ihren Text einfließen lassen. Sie sollten sich selbst eine Urteilsfähigkeit zutrauen und selbstsicher schreiben.

a Lesen Sie die einleitenden Sätze einer Masterarbeit und überlegen Sie: Welche der drei Varianten finden Sie angemessen selbstbewusst formuliert?

1 In meiner Masterarbeit möchte ich der Frage nachgehen, welche Faktoren zum Studienerfolg internationaler Studierender beitragen. Ich habe mich bemüht, sämtliche vorliegenden Studien zu dieser Frage zu finden und auszuwerten. Nach dieser Lektüre habe ich geschlussfolgert, es könnte sinnvoll sein, eine eigene kleine empirische Untersuchung durchzuführen. Denn meiner Meinung nach wurden bislang die Herkunftskulturen der internationalen Studierenden zu wenig berücksichtigt. Ich nehme an, dass die Art und Weise, wie die internationalen Studierenden den Kulturschock verarbeiten, den sie erleben, wenn sie ihr Studium an einer deutschen Hochschule aufnehmen, einer der zentralen Faktoren für ihren Studienerfolg ist.

2 In meiner Masterarbeit werde ich die Frage beantworten, welche Faktoren zum Studienerfolg internationaler Studierender beitragen. Neben einer Sekundäranalyse habe ich eine eigene empirische Erhebung durchgeführt. Denn die Auswertung der vorliegenden Studien hatte das Ergebnis erbracht, dass bislang die Herkunftskulturen der internationalen Studierenden zu wenig berücksichtigt werden. Das zentrale Ergebnis meiner Studie lautet: Die Art und Weise, wie die internationalen Studierenden den Kulturschock verarbeiten, den sie erleben, wenn sie ihr Studium an einer deutschen Hochschule aufnehmen, ist einer der zentralen Faktoren für ihren Studienerfolg.

3 In der vorliegenden Masterarbeit wird die Frage beantwortet, welche Faktoren zum Studienerfolg internationaler Studierender beitragen. Auf der Grundlage einer Sekundäranalyse der vorliegenden Studien wurde eine eigene empirische Erhebung durchgeführt. Ich betrete damit Neuland, denn bislang wurde die Herkunftskulturen der internationalen Studierenden zu wenig berücksichtigt. Das aufsehenerregendste Ergebnis meiner Studie lautet: Die Art und Weise, wie die internationalen Studierenden den Kulturschock verarbeiten, den sie erleben, wenn sie ihr Studium an einer deutschen Hochschule aufnehmen, ist einer der zentralen Faktoren für ihren Studienerfolg.

b **Sehen Sie sich die Illustration an und tauschen Sie Ihre Gedanken dazu aus.**

// **SPARSAM MIT ‚ICH'** // Je öfter Sie in Ihrem Text *ich* schreiben, desto mehr lassen Sie das Dargestellte als Ihre eigene Meinung erscheinen, mit der negativen Folge, dass Ihr Text wenig Autorität vermittelt. Ihre eigenen Kommentare, Schlussfolgerungen und Ergebnisse sollten Sie so formulieren, dass Sie als Autor_in des Textes in den Hintergrund treten.

3 Ausnahmefälle

a Lesen Sie zuerst die Informationen im Kasten. Kreuzen Sie danach das Beispiel an, das nicht diesen Vorgaben entspricht.

> **// DIE FORSCHENDEN ALS SUBJEKTE //** In den folgenden Fällen können Sie als Autor_in sichtbar werden, ohne die Autorität Ihres Textes zu beeinträchtigen:
>
> - **Ich**: In Ankündigungen, die sich auf die Vorgehensweise beziehen und die in der Einleitung von wissenschaftlichen Arbeiten sowie in den einleitenden Absätzen der einzelnen Kapitel zu finden sind. (➔ Kapitel D, Metakommunikation)
> - **Wir:** 1) eine Forschungsgruppe schreibt gemeinsam; 2) Autor_in und Leser_in werden zusammengedacht.
>
> (VORSICHT bei **Wir = ich**: In der deutschen Wissenschaftssprache ist der *Pluralis Majestatis*, d.h. von sich als Autor_in in der ersten Person Plural zu schreiben, veraltet.)

☐ Im ersten Schritt werden die in der Literatur diskutierten Faktoren geordnet und ausgewertet. Im zweiten Schritt zeige ich, auf welcher Grundlage Führungskräfte strategische Entscheidungen treffen. (Hausarbeit)

☐ Wir haben gezeigt, wie komplex die Herausforderungen sind, vor denen internationale Studierende stehen, wenn sie ihren ersten deutschsprachigen Wissenschaftstext verfassen. Im nächsten Kapitel diskutieren wir die Unterstützungsmöglichkeiten für internationale Studierende. (Masterarbeit)

☐ Die folgenden Thesen formulieren wir als Ausgangspunkt unserer Untersuchung: …
(Bericht eines interdisziplinären Forschungsteams)

b Formulieren Sie den Satz, in dem der Gebrauch von ‚wir' unüblich ist, um.

c Vergleichen Sie mit einer Wissenschaftssprache Ihrer Wahl: Welche Pronomen werden in dieser Sprache in wissenschaftlichen Texten verwendet? Können Sie einen anderen Gebrauch als im Deutschen feststellen?

Sprachliche Strukturen wissenschaftlicher Texte

1 Das *werden*-Passiv

// FUNKTION VON PASSIV UND PASSIVERSATZFORMEN //
Diese Strukturen sind für die deutsche Wissenschaftssprache sehr typisch. Durch das Weglassen des Agens (= des Handelnden) in Passivsätzen erlauben diese Sätze eine neutrale Darstellung. Die Handelnden (= die Forschenden) werden ausgeblendet, die Handlungen, Gegenstände und Sachverhalte in den Mittelpunkt gestellt. Man spricht dann von ‚Deagentisierung'. Das erhöht die Allgemeingültigkeit der Aussagen. In anderen Wissenschaftssprachen wird das nicht in diesem Ausmaß praktiziert.

a Ordnen Sie die Passivformen in die Tabelle ein.

[In dieser Arbeit soll XY analysiert werden. • In dieser Arbeit sollte XY analysiert werden. • In dieser Arbeit wurde XY analysiert. • In dieser Arbeit wird XY analysiert.]

Vorgangspassiv	
Präsens	
Präteritum	
Vorgangspassiv mit Modalverb	
Präsens	
Präteritum	

// PASSIV MIT MODALVERBEN //
Diese Strukturen benötigen Sie in wissenschaftlichen Texten, um Ihre Absichten deutlich zu machen und um Ihr Vorgehen zu beschreiben.

b Was ist richtig? Kreuzen Sie an.

1. In Passivsätzen wird
   a ☐ das Akkusativobjekt des Aktivsatzes
   b ☐ das Dativobjekt des Aktivsatzes
   zum Subjekt des Passivsatzes.

2. Gibt es kein Akkusativobjekt,
   a ☐ kann kein Passivsatz gebildet werden.
   b ☐ wird entweder ein ‚es' eingesetzt, das dann nur auf Position 1 stehen kann oder der Satz enthält kein Subjekt.

c Recherchieren Sie im Internet oder in Übungsgrammatiken, welche Gruppen von Verben kein Passiv bilden können. Stellen Sie Ihre Ergebnisse vor.

d Markieren Sie in den Sätzen das Akkusativobjekt. Bilden Sie dann das Passiv in der angegebenen Zeitform. Lassen Sie dabei das Agens weg.

1 Die Autorinnen der Studie zeigen drei Tendenzen auf. (Passiv Präsens)

Drei Tendenzen werden aufgezeigt.

2 Die Autorinnen haben die Studie in englischer Sprache abgefasst. (Passiv Präteritum)

3 Die Wissenschaftlerinnen untersuchten auf der Basis eines Korpus mehrere Artikel. (Passiv Präteritum)

4 Sie vergleichen in einem nächsten Schritt die Ergebnisse mit Studienresultaten aus Großbritannien. (Passiv Präsens)

5 Die Autorinnen kommunizieren ihre Ergebnisse in die wissenschaftliche Öffentlichkeit. (Passiv Präteritum)

6 Sie haben einen neuen Antrag auf Unterstützung gestellt. (Passiv Perfekt)

e Formulieren Sie die Beispiele zunächst im Passiv Präsens (1), dann im Passiv Präsens mit dem Modalverb *sollen* (2). Beginnen Sie mit dem Temporaladverb bzw. mit der adverbialen Angabe.

1 zunächst einen Überblick über den Forschungsstand geben

(1) Zunächst wird ein Überblick über den Forschungsstand gegeben.

(2) Zunächst soll ein Überblick über den Forschungsstand gegeben werden.

2 in einem nächsten Schritt die Konzepte X und Y umreißen

3 anschließend den Forschungsgegenstand klar eingrenzen

4 im Folgenden die Standpunkte von X und Y in Bezug auf Z vergleichen

5 abschließend einen Ausblick über die Notwendigkeit weiterer Forschung geben

f Formulieren Sie die Sätze aus 1e im Passiv Präteritum.

1 Zunächst wurde ein Überblick über den Forschungsstand gegeben.

2

3

4

5

> **// PASSIV PRÄTERITUM //** Sätze wie Sie sie in 1f formuliert haben, werden vor allem in Schlussteilen wissenschaftlicher Arbeiten gebraucht: Dort wird zusammenfassend beschrieben, was in der Arbeit getan und erreicht wurde.

2 Das *sein*-Passiv

> **// SEIN- ODER WERDEN-PASSIV? //** Das *werden*-Passiv wird dann gebraucht, wenn ein Prozess in den Mittelpunkt gerückt werden soll, der noch nicht abgeschlossen ist. Das *sein*-Passiv dagegen drückt aus, dass ein Geschehen abgeschlossen ist und ein neuer erkennbarer Zustand von einer gewissen Dauer entstanden ist. Die Bildung des *sein*-Passivs ist nur bei Verben möglich, die auch das *werden*-Passiv bilden.

a Was ist was? Schreiben Sie die Sätze in die Tabelle.

1. Die Untersuchung war damit abgeschlossen. 2. Die Untersuchung ist damit abgeschlossen.

sein-Passiv Präsens	
sein-Passiv Präteritum	

b Wird der Vorgang oder das Ergebnis fokussiert? Entscheiden Sie sich dementsprechend für das werden-Passiv oder das sein-Passiv. Streichen Sie die nicht passenden Hilfsverben durch.

1 Der folgende Artikel zeigt diese Entwicklungen auf. Er ist / wird auf Deutsch verfasst.
2 Der Artikel ist / wird sehr klar formuliert.
3 Das Ergebnis ist / wird damit begründet, dass …
4 Die Studien sind / werden bereits veröffentlicht.
5 Jede Etappe ist / wird genau einmal durchlaufen.
6 Die reale Forschung ist / wird von einer eingeschränkten Vorhersehbarkeit des Forschungsverlaufs geprägt.

> **// INTERFERENZFEHLER //**
> In vielen Sprachen wird das Passiv mithilfe des Hilfsverbs *sein* gebildet, z. B. im Englischen und in den romanischen Sprachen. Wird statt des Hilfsverbs *werden* das Hilfsverb *sein* verwendet, entsteht daraus ein Fehler bei der Bildung des *werden*-Passivs, z. B.: *It is argued, that* … *Es ist argumentiert | Es wird argumentiert, …*
> Das *werden*-Passiv ist im Deutschen viel häufiger anzutreffen als das *sein*-Passiv.

3 Angabe des Agens: Verwendung der Präpositionen *von* und *durch*

a Lesen Sie den Infokasten und sehen Sie sich die Tabelle an. Entscheiden Sie dann, welche Präposition in den Sätzen die richtige ist und formulieren Sie die Sätze im Passiv.

// ANGABE DES AGENS MIT ‚VON' ODER ‚DURCH' // Das Agens wird zwar in Passivsätzen meist weggelassen, um den Vorgang und nicht die handelnde Person bzw. Instanz in den Mittelpunkt zu rücken. Soll jedoch in einem Passivsatz das Agens doch genannt werden, dann wird es mit der Präposition *von* (bei Personen, Institutionen und Naturkräften) angegeben, mit der Präposition *durch* bei Vermittlern, Mitteln und Abstrakta. Der Unterschied zwischen eigentlichem Urheber / eigentlicher Ursache einerseits und Vermittler / Mittel andererseits ist häufig nicht eindeutig feststellbar, sodass je nach Sichtweise *von* oder *durch* gewählt werden kann. In nominalisierten Sätzen wird nur die Präposition *durch* verwendet. Mitunter kommen auch andere Präpositionen in Frage.

Beispiel	Erklärung
Die Brücke wurde von den Alliierten zerstört.	Die Präposition *von* verweist auf den Urheber oder die Ursache.
Die Brücke wurde durch Bomben zerstört.	Die Präposition *durch* verweist auf den Vermittler oder das Mittel.
die Zerstörung der Brücke durch die Alliierten	die Zerstörung der Brücke von den Alliierten wäre missverständlich, hier wegen Nominalisierung *durch*

1 Studierende der geisteswissenschaftlichen Fakultät führten eine Studie zur Nutzung der Wikipedia durch.
Von Studierenden der geisteswissenschaftlichen Fakultät wurde eine Studie zur Nutzung der Wikipedia durchgeführt.

2 Sie befragten insgesamt 125 Personen zu diesem Thema.

3 Die gründliche Auswertung zeichnet ein detailliertes Bild der Wikipedia-Nutzung.

4 Die Studierenden machten die Informationen der Öffentlichkeit zugänglich.

5 Auch die örtliche Presse griff die Informationen auf.

// ACHTUNG INTERFERENZFEHLER // Die Übersetzung des französischen *par* und des englischen *by* darf im Deutschen in der Regel nicht automatisch mit *durch* bzw. *bei* wiedergegeben werden. Prüfen Sie die Präposition genau.

4 Texte bewerten und überarbeiten

a Lesen Sie den folgenden Text einer Studentin und bewerten Sie ihn hinsichtlich der verwendeten Strukturen. Was würden Sie überarbeiten? Schreiben Sie den Text neu und besprechen Sie Ihre Vorschläge.

In den Mittelpunkt der vorliegenden Arbeit stellen wir den Roman „Anicet ou le panorama, roman" von Louis Aragon, da hier unseres Erachtens nach bereits wichtige Überlegungen, die spätere surrealistische Bewegung betreffend, angelegt sind. Aber auch für das Verständnis des Werkes von Louis Aragon finden wir diesen Text entscheidend. Außerdem wollen wir weitere Aufsätze und Artikel Aragons aus dieser Zeit mit berücksichtigen. Anschließend wollen wir Ergebnisse der Suche Anicets / Aragons vorstellen und diskutieren. Aufgrund seiner dadaistischen Züge und seiner Ironie können wir Aussagen des Buches nicht eindeutig bewerten. Aussagen als solche diskutieren und untersuchen wir im Hinblick auf die spätere surrealistische Ästhetik.

b Analysieren Sie wissenschaftliche Texte in einer anderen Ihnen bekannten Sprache. Wie viele Passivstrukturen gibt es darin? Welche anderen Strukturen gibt es, die die Funktion des Passivs – und zwar das Agens auszublenden – übernehmen? Vergleichen Sie.

5 Passiversatz mit modaler Bedeutung

a Formulieren Sie die Sätze im Passiv mit dem Modalverb *können* oder *müssen*.

1 Die Entscheidung der EU ist inakzeptabel.

Die Entscheidung der EU kann nicht akzeptiert werden.

2 Der Vorgang lässt sich wie folgt darstellen.

3 Der Text erschließt sich dem Leser mühelos.

4 In den nächsten Jahren gilt es, die Richtlinien in die Praxis umzusetzen.

5 Die Konzerne haben die Umweltgesetze zu befolgen.

6 Dieser Ansatz ist nur dann zu verstehen, wenn man…

7 Die Interpretation ist nicht nachvollziehbar.

b Ordnen Sie die Strukturen aus Aufgabe 5a der modalen Bedeutung *können* oder *müssen* zu.

[sein + Adjektiv auf -bar / -abel / -fähig / -lich / -sam / -ibel • es gilt + zu-Infinitiv • sich lassen + Infinitiv • reflexive Verben • sein+ zu-Infinitiv • haben + zu-Infinitiv]

in der Bedeutung *können*	**in der Bedeutung** *müssen*
• sein + Adjektiv auf -bar / -abel / -fähig / -lich / -sam / -ibel	

c Welches Subjekt ist in den folgenden Sätzen jeweils mit *man* gemeint? Ordnen Sie zu und beurteilen Sie anschließend, ob *man* in diesem Text eindeutige Bezüge herstellt.

[A. man = die Autorin des Textes • B. man = Francisco Varela • C. man = die Neurowissenschaft • D. man = Personen, die Entspannungsübungen praktizieren]

Man 1 ☐ ahnt seit Langem, dass Entspannungsübungen gesundheitsfördernd wirken. Den Nachweis ist man 2 ☐ allerdings bislang schuldig geblieben. Francisco Varela, führender Neurologe und praktizierender Buddhist, untersucht seit Jahren die Hirnfunktionen in verschiedenen Meditationszuständen, um zu ergründen, wie das Meditieren die Gedanken und Emotionen von Menschen beeinflusst. Man 3 ☐ kann anhand von Messungen der Langzeiteffekte der Meditation von fortgeschrittenen Praktizierenden nachweisen, dass sich die materiellen Strukturen des Gehirns durch Meditation verändern. Man 4 ☐ ist versucht daraus zu schlussfolgern: Das Gehirn ist durch wiederholte Erfahrung formbar.

// FORMULIERUNGEN MIT ‚MAN' //

Formulierungen mit *man* sollten Sie in wissenschaftlichen Texten aus stilistischen Gründen vermeiden. In der Regel können Sie *man* durch ein Subjekt ersetzen. Wenn Sie das *man* in ausgewählten Fällen verwenden möchten, sollten Sie sicherstellen, dass eindeutig sichtbar wird, auf welches Subjekt Sie sich beziehen.

d Wie können Sie *man*-Konstruktionen vermeiden? Formen Sie die Sätze mithilfe der angegebenen Passiversatzformen um.

1 Man kann folgende Aspekte für die Untersuchung herausgreifen. (sich lassen)

Folgende Aspekte lassen sich für die Untersuchung herausgreifen.

2 Das Fehlen konkreter Maßnahmen kann man darauf zurückführen, dass … (sein + zu + Infinitiv)

3 Dieses Material kann man für weiterführende Seminare nutzen. (sich lassen)

4 Diese Definition muss man in zweierlei Hinsicht kritisieren. (sein + zu + Infinitiv)

5 Man kann das Phänomen nur vor diesem Hintergrund erschließen. (sein + zu + Infinitiv)

6 Hier muss man das Augenmerk auf die Art der Untersuchung richten. (es gilt + Infinitiv + zu)

7 Der Vertrag muss von beiden Parteien eingehalten werden. (haben + zu …)

8 Eine baldige Annäherung beider Seiten kann man sich nicht vorstellen. (Adjektiv auf -bar)

// LERNTIPP // Wissenschaftliche Texte enthalten viele Sätze im Passiv / mit Passiversatzformen. Notieren Sie sich auf Karteikarten typische passivische Wendungen der Wissenschaftssprache, die Sie als Textbausteine in eigenen Texten verwenden können. (➔ Kapitel B)

wesentliche Unterschiede benennen
Hier sind wesentliche Unterschiede zu benennen: …

e Lesen Sie den Text und schreiben Sie ihn so um, dass er kein handelndes Subjekt (Agens) mehr enthält. Verwenden Sie das Passiv und Passiversatzformen.

Mit diesem Beitrag möchte ich einige Bereiche des sinnvollen, d. h. auf die Erzielung eines Lernmehrwertes ausgerichteten Einsatzes neuer Technologien und Online-Anwendungen zur Förderung der studentischen Schreibkompetenz aufzeigen. Dabei werde ich die Herausforderungen, denen sich Studierende beim Lernen der Fremdsprache Deutsch zu stellen haben, besonders berücksichtigen. Hierfür halte ich es für notwendig, kurz auf die Funktion von Texten in der Wissenschaft und einige Aspekte des akademischen Schreibens einzugehen und die besonderen Schwierigkeiten fremdsprachlicher Studierender herauszustellen. Im Anschluss an einen knappen Überblick will ich anhand einiger Beispiele Einsatzmöglichkeiten für eine Arbeitserleichterung und die didaktische Mehrwertgewinnung, die in Angeboten zur Förderung der Schreibkompetenz durch Medieneinsatz liegen kann, aufzeigen.

(aus: Paland 2010, S. 155; leicht modifiziert)

f Vergleichen Sie anschließend beide Texte. Welche Wirkung erzielt der eine, welche der andere Text?

6 Funktionsverbgefüge

a Wie lauten die Funktionsverbgefüge? Ordnen Sie zu.

[ziehen • stehen • kommen • finden • stoßen • bringen • erfahren • dienen]

> **// FUNKTIONSVERBGEFÜGE //** Funktionsverbgefüge (FVG) können einen Zustand, eine Zustandsänderung oder den Beginn einer Handlung bezeichnen. Damit sind sie oft genauer als einfache Verben. FVG mit den Verben *sich befinden*, *bekommen*, *bleiben*, *erfahren*, *erhalten*, *finden*, *gehen*, *gelangen*, *genießen*, *geraten*, *kommen*, *liegen*, *sein*, *stehen* haben passivische Bedeutung und finden sich oft in wissenschaftlichen Texten. Sie ersetzen Passivkonstruktionen und rücken Nomen in die Subjektposition. Somit erfolgt auch hier eine Betonung von Vorgängen und Geschehen.

1 Anwendung finden

2 in Betracht ______

3 auf Ablehnung ______

4 zur Diskussion ______

5 als Beispiel ______

6 Beachtung ______

7 zu einem Ergebnis ______

8 zur Debatte ______

9 Verwendung ______

10 im Gegensatz ______

12 Berücksichtigung ______

13 zum Abschluss ______

14 eine Vereinfachung ______

15 eine Veränderung ______

> **// PRÄPOSITIONEN UND ARTIKEL IN FVG //** Der Gebrauch von Präposition und Artikel ist bei den meisten Funktionsverbgefügen festgelegt, d.h. Sie können diese nicht verändern. Prüfen Sie Artikel und Präposition immer nach, wenn Sie unsicher sind.

b Formulieren Sie Sätze mit den Funktionsverbgefügen aus 6a.

c Erweiterungen von Funktionsverbgefügen: Recherchieren Sie mithilfe eines Wörterbuchs (z. B. dem DWDS unter dwds.de) mögliche Erweiterungen der folgenden FVG. Notieren Sie außerdem die Negation.

Korpusbelege (DWDS-Kernkorpus)

Anwendung finden

Korpus: DWDS-Kernkorpus
Start: 1900 **Ende:** 1999
Textklassen: ☐ Belletristik ☑ Wissenschaft ☐ Gebrauchsliteratur ☐ Zeitung
Anzeige: ○ KWIC ● voll ○ maximal
Sortierung: Datum absteigend
Anzahl Treffer pro Seite: 50

1–50 von 317 Treffern (330 insgesamt)

← ← 1 2 3 4 5 → →

1: Luhmann, Niklas: Die Gesellschaft der Gesellschaft, Frankfurt a. M.: Suhrkamp 1997, S. 342
Man **findet** viele Belege für eine **Anwendung** auf Pflichten und Vergnügungen, Ehre, Leben, Gesundheit usw. bereits im 18. Jahrhundert und wahrscheinlich auch früher.

2: Luhmann, Niklas: Die Gesellschaft der Gesellschaft, Frankfurt a. M.: Suhrkamp 1997, S. 366
Und dies wird in der neuzeitlichen Gesellschaft notwendig, die sich dabei nicht mehr auf gesamtgesellschaftliche Vorgaben (Schichtung, Moral) stützen kann, sondern sich in ihren Funktionssystemen mit Problemen der Selbstlegitimation, der Autonomie, der **Anwendung** des Code auf sich selber konfrontiert **findet**.

3: Schaub, Horst u. Zenke, Karl G.: Kybernetik. In: dtv-Wörterbuch Pädagogik [Elektronische Ressource], Berlin: Directmedia Publ. 2002 [1995], S. 1326
Die Erkenntnisse der Kybernetik **finden** in der kybernetisch-informationstheoretischen Didaktik ihre **Anwendung**.

4: Schaub, Horst u. Zenke, Karl G.: kybernetisch-informationstheoretische Didaktik. In: dtv-Wörterbuch Pädagogik [Elektronische Ressource], Berlin: Directmedia Publ. 2002 [1995], S. 1327
Die Prinzipien und Erkenntnisse der kybernetisch-informationstheoretischen Didaktik **finden** vor allem im programmierten Unterricht und im computerunterstützten Unterricht **Anwendung**.

Anwendung finden: technische ~, immer mehr ~, keine praktikable ~, entsprechende Anwendung finden
Negation: keine Anwendung finden

// ERWEITERUNGEN VON FVG //

Funktionsverbgefüge lassen sich nur bedingt erweitern. Welche Möglichkeiten Sie haben, müssen Sie sehr sorgfältig mithilfe von Wörterbüchern prüfen. Wenn Sie im DWDS recherchieren, sollten Sie dies nur mit dem Nomen und dem Verb ohne Präposition / Artikel tun, z. B. *Ablehnung stoßen* eingeben. Das reicht aus, um mögliche Ergänzungen in den Korpora angezeigt zu bekommen.

1 der Kontrolle unterliegen: ______

2 auf Ablehnung stoßen: ______

3 einen Beitrag leisten: ______

4 Unterstützung erfahren: ______

5 in der Kritik stehen: ______

d Ersetzen Sie in folgenden Sätzen das Passiv durch die passivisch gebrauchten Funktionsverbgefüge in Klammern.

1 Die Theorie über die Entstehung einer Posttraumatischen Belastungsstörung (PTBS) wird durch neue empirische Untersuchungen von Schüler (2014) bestätigt. (Bestätigung erfahren)

Die Theorie über die Entstehung einer Posttraumatischen Belastungsstörung (PTBS) erfährt durch neue empirische Untersuchungen von Schüler (2014) Bestätigung.

2 Die Ergebnisse der Untersuchungen werden bei der Behandlung der PTBS sofort angewandt. (zur Anwendung kommen)

3 Viele Patienten mit der Diagnose PTBS werden in spezialisierten Kliniken behandelt. (sich in Behandlung befinden)

4 Daneben werden soziale Faktoren, die bei der Entstehung einer PTBS eine Rolle spielen, bei der Behandlung beachtet. (Beachtung finden)

5 Auch werden physische Auswirkungen der PTBS bei der Auswertung der Behandlung betrachtet. (in Betracht ziehen)

6 Selten werden die neuen Therapieformen von den Patient_innen abgelehnt. (auf Ablehnung stoßen bei + D)

e Vergleichen Sie die folgenden Sätze. Auf welchen Satz treffen die Aussagen unten jeweils zu? Notieren Sie die Nummer im Kästchen.

1 Die Seminarteilnehmer diskutieren das Thema.
2 Das Thema wird im Seminar zur Diskussion gestellt.

- [ ] Die Aktion im Satz wird betont.
- [ ] Das Agens (der Handelnde) wird genannt.
- [ ] Die neue Information steht in betonter Position am Ende des Satzes, in der Position des Rhemas.

// ENDSTELLUNG DES NOMENS //

Funktionsverbgefüge betonen die Aktion / den Vorgang / das Geschehen oder den Zustand, bei passivischen FVG wird das Agens nicht genannt. Gleichzeitig erlaubt die Struktur der FVG eine Betonung der Aktion durch die Endstellung des Nomens, das dann in der typischen Rhema-Position (Satzende) steht.

7 Nominalisierung

> // **NOMINALISIERUNG IN WISSENSCHAFTLICHEN TEXTSORTEN** // Nominalkonstruktionen finden vielfältige Verwendung in der Wissenschaft: Neben Überschriften, Mitschriften, Handouts, Thesenpapieren, die in der Regel im Nominalstil verfasst sind, ist auch der Stil wissenschaftlicher Texte nominal geprägt. Dies verhindert ein Abgleiten in einen erzählenden Stil (➔ S. 78).

a Vergleichen Sie die beiden Sätze A und B. Welche Wirkung hat die Nominalisierung? Kreuzen Sie an.

A Wir haben die vorliegenden Untersuchungsergebnisse ausgewertet, was uns nun eine genaue Aussage über den Umfang der Nutzung von E-Books ermöglicht.

B Die Auswertung der vorliegenden Untersuchungsergebnisse ermöglicht eine genaue Aussage über den Umfang der Nutzung von E-Books.

- ☐ Nominale Konstruktionen sind kürzer und erlauben somit eine Verdichtung (Kondensierung) der Informationen.
- ☐ Nominale Konstruktionen erlauben eine Herausstellung der Akteure einer Handlung.
- ☐ Der Urheber der Handlung (Agens) wird in der Regel nicht genannt. Damit findet eine Konzentration auf Vorgänge bzw. Ergebnisse statt.

b Wortbildung: Nomen können aus verschiedenen Wortarten abgeleitet werden. Ordnen Sie die verschiedenen Möglichkeiten der Nominalisierung den Beispielen zu.

[~~lexikalisierte Nomen~~ • Nomen mit Endungen (-ung / -heit / -keit etc.) • nominalisierter Infinitiv • nominalisiertes Adjektiv • nominalisierte Präposition]

1 besuchen: der Besuch lexikalisiertes Nomen

2 für / wider: das Für und Wider ____________

3 stolz: der Stolz ____________

4 gesund: die Gesundheit ____________

5 ausfüllen: das Ausfüllen ____________

c Zu welchem Satz passt welches Nomen? Ordnen Sie zu.

1. das Handeln 2. die Handlung

- ☐ Die EU handelte in Krisensituationen stets mit Verzögerung.
- ☐ Das Stück handelt von einem Familienkonflikt.

d Kennen Sie weitere Nomen, die vom Verb *handeln* abgeleitet werden können? Tauschen Sie sich aus.

e Weitere Regeln für die Nominalisierung: Ordnen Sie die Regeln den Beispielsätzen A bis D zu.

1 Das Akkusativobjekt in einem Verbalsatz wird ein Genitivattribut im Nominalsatz.
2 Liegt ein Genitiv ohne Artikel vor, wird im Nominalsatz die Ersatzform ‚von' verwendet.
3 Wird der Urheber der Handlung im Nominalsatz angegeben, wird er mit der Präposition ‚durch' genannt.
4 Ein Dativobjekt wird im Nominalsatz mithilfe einer Präposition angefügt (‚für', ‚zu',…)
5 Enthält ein Verbalsatz ein Funktionsverbgefüge, so kann das Funktionsverb nicht nominalisiert werden.

// DAS RICHTIGE NOMEN //
Oft gibt es mehrere Möglichkeiten, ein Nomen zu bilden. Welches im jeweiligen Kontext gebraucht wird, müssen Sie im Wörterbuch nachschlagen. Auch mit dem Digitalen Wörterbuch der Deutschen Sprache (dwds.de) sowie dem Online-Duden (duden.de) können Sie häufige Wortumgebungen recherchieren. Die Prüfung einer Formulierung mithilfe einer Suchmaschine ist ebenfalls eine bewährte Methode.

A Einstein entwickelte die Relativitätstheorie. | Die Entwicklung der Relativitätstheorie durch Einstein.
Regel 1 und 3

B Man verwendet Berechnungen aus … | Die Verwendung von Berechnungen aus … ______

C Man hilft den Abhängigen. | Die Hilfe für die Abhängigen. ______

D Sein Projekt fand Anerkennung. | Sein Projekt wurde anerkannt. ______

f Lösen Sie in den folgenden Beispielen die Nebensätze auf, indem Sie nominalisieren.

1 Dass Medien Menschen stark beeinflussen, ist mittlerweile unbestreitbar.
Der starke Einfluss der Medien auf die Menschen ist mittlerweile unbestreitbar.

2 So berichten Medien immer wieder darüber, wenn Jugendliche Amok laufen.
______

3 Sie führen dies darauf zurück, dass Videospiele einen schlechten Einfluss auf die Jugendlichen haben.
______

4 Ich werde mich damit auseinandersetzen, wie szeneinterne Medien und Sozialisation in der Graffiti-Subkultur zusammenhängen.
______

5 Medien dienen dazu, subkultur-internes Wissen zu vermitteln.
______

6 Aus diesem Grund ist es wichtig, diese Medien zu kennen und ihre Botschaften zu verstehen.
______

g Formulieren Sie die Sätze 1, 4, 5 als Überschriften für ein mögliches Kapitel in einer Hausarbeit.

8 Partizipialkonstruktionen

> **// FUNKTION VON PARTIZIPIALKONSTRUKTIONEN //** Typisch für wissenschaftliche Texte ist eine sehr verdichtete Sprache, die neben der Nominalisierung auch über Partizipialkonstruktionen realisiert wird. Partizipialkonstruktionen ersetzen in der Regel Relativsätze.

a Unterstreichen Sie in den Sätzen den Artikel, das Partizip und das dazugehörige Nomen.

1 Kepler weist auf die deutlich hervortretenden Differenzen zwischen den beiden Texten hin.
2 Die in der Einleitung bereits angeführten Annahmen sollen im Folgenden genauer erläutert werden.
3 Bedingt durch einen viel zu eng gefassten Begriff der Schreibkompetenz ist eine erfolgversprechende Entwicklung des Schreibens nicht möglich.

> **// PARTIZIP PRÄSENS ODER PERFEKT? //** Relativsätze, die im Aktiv Präsens geschrieben sind, werden in ein Partizip Präsens umgewandelt, Relativsätze mit Vorgangs- oder Zustandspassiv in ein Partizip Perfekt, ebenso Relativsätze im Aktiv, die eine vergangene Handlung ausdrücken. Das Partizip I + II erfüllt die Funktion eines Adjektivattributs und erhält die entsprechenden Adjektivendungen. Modalverben fallen bei der Umformulierung weg.

b Partizip Präsens oder Partizip Perfekt? Lesen Sie die Regeln zur Bildung der Partizipien I (Präsens) und II (Perfekt). Wandeln Sie anschließend die Relativsätze in Partizipialkonstruktionen um und entscheiden Sie sich für Partizip I oder II. Beachten Sie die Adjektivendungen.

1 die Dissertation, die vorliegt:
die vorliegende Dissertation

2 eine Ursache, die nicht näher bezeichnet wird:

3 eine Herangehensweise, die nicht begründet wird:

4 Frauen, die an der Befragung teilnehmen:

5 Aspekte, die nicht einbezogen wurden:

6 Parameter, die nicht berücksichtigt werden können:

7 ein Ansatz, der vergleicht:

8 eine Frage, die oben diskutiert wird:

9 Ergebnisse, die empirisch fundiert sind:

10 eine Einheit, die inhaltlich abgeschlossen ist:

c Bilden Sie das Gerundiv.

1 die Situation, die genauer untersucht werden muss.

die genauer zu untersuchende Situation

2 die Methoden, die angewandt werden sollten

3 eine Vorgehensweise, die verurteilt werden muss

4 Variablen, die noch ermittelt werden müssen

5 eine Größe, die vernachlässigt werden kann

6 eine Aufgabe, die an dieser Stelle nicht geleistet werden kann

7 Bedingungen, die noch abgesteckt werden müssen

// GERUNDIV // Das Gerundiv (auch ‚modales Partizip' genannt) wird mithilfe des Partizip I (Präsens) und *zu* gebildet. Außerdem erhält auch dieses Partizip die Adjektivendung. Es hat je nach Kontext verschiedene Bedeutungen: etwas muss, kann oder sollte getan werden.

// KOMMASETZUNG BEI PARTIZIPIALKONSTRUKTIONEN // Nach Partizipialkonstruktionen, welche die Funktion eines Nebensatzes erfüllen, wie z. B. *„Wie oben bereits erwähnt, ist eine Analyse der Daten schwierig"* kann ein Komma nach *erwähnt* gesetzt werden, muss aber nicht. Wichtig ist, dass Sie die Kommasetzung in diesem Fall einheitlich handhaben, also entweder immer oder nie ein Komma setzen.

d Verkürzte Nebensätze: Komprimieren Sie die Sätze, indem Sie die Nebensätze verkürzen.

// VERKÜRZTE NEBENSÄTZE // Eine weitere Form der Komprimierung stellen verkürzte Nebensätze dar: Sie enthalten nur das Partizip II und notwendige Ergänzungen. Die Partizipien ihrerseits können erweitert werden durch vorangestellte Adverbien und nachgestellte Ergänzungen (Präpositionalobjekte). Sie können mit einem Komma abgetrennt werden.

1 Asylbewerber_innen ist es in Deutschland nur unter bestimmten Bedingungen gestattet, einer Arbeit nachzugehen, was durch die derzeitige Gesetzgebung bedingt ist.

Bedingt durch die derzeitige Gesetzgebung, ist es Asylbewerber_innen in Deutschland nur unter bestimmten Bedingungen gestattet, einer Arbeit nachzugehen …

2 Diese Situation muss kritisiert werden, wenn man sie mit der Lage von Asylbewerber_innen in anderen europäischen Staaten vergleicht.

3 Eine Änderung der Gesetzgebung ist durchaus möglich, was bereits in der Literatur ausführlich diskutiert worden ist.

4 Diese hätte positive Konsequenzen für die Integration der Asylbewerber_innen, was bereits eingehend von Schulenburg (2013) untersucht wurde.

5 Die aktuelle Debatte in Deutschland, die von der Dominanz der Medien geprägt ist, kann als ambivalent beschrieben werden.

// **INTERFERENZFEHLER** // Wissenschaftler_innen oder Studierende, die nicht so vertraut mit der deutschen Wissenschaftssprache sind, verwenden gern folgende Formulierungen: *genau genommen, näher betrachtet, sehr milde ausgedrückt, allgemeiner formuliert, kurz gesagt, genauer gesagt, anders formuliert, grob geschätzt, streng genommen.* Damit wollen sie eine bessere Lesbarkeit ihrer Texte erreichen und die Lesenden quasi an die Hand nehmen. Ihren Texten verleihen sie dadurch den Charakter eines lauten Denkens. In deutschsprachigen Wissenschaftstexten sollten Sie auf diese und ähnliche Formulierungen verzichten, weil sie als Verletzung des Sachlichkeitsgebots (➔ S. 76) aufgefasst werden.

e Fassen Sie die Sätze mithilfe von Partizipialkonstruktionen zusammen.

1 Die Jesuiten waren die erste Ordensgemeinschaft, die sich wissenschaftlich betätigte.

Die Jesuiten waren die erste sich wissenschaftlich betätigende Ordensgemeinschaft.

2 Franz Xaver, der erste Jesuit, der in Asien missionierte, beschäftigte sich beinahe ausschließlich mit der Bekehrung der Einheimischen.

3 Die französischen Jesuiten, die sich in China ab dem Ende des 17. Jahrhunderts ansiedelten, wurden als Wissenschaftler beschrieben, was mit der Entwicklung der Aufklärung in Frankreich zu dieser Zeit in einem Zusammenhang zu sehen ist.

4 In diesem Essay wurde festgestellt, dass die Jesuiten ein echtes Interesse für die Kulturen zeigten, die sie studierten.

5 Die Missionare, die nach ihrem Studium weiterhin wissenschaftlich arbeiteten, wurden dazu angeregt, die entdeckte Kultur zu erforschen.

9 Reflexive Verben

a Lesen Sie den Infokasten. Formulieren Sie anschließend die Sätze mithilfe der angegebenen reflexiven Verben um.

> **// KONSTRUKTIONEN MIT REFLEXIVEN VERBEN //** Sie gehören ebenfalls zu den Passiversatzformen. Das Subjekt kann in diesen Sätzen nur eine Sache sein, der Urheber der Handlung (Agens) wird nicht genannt.

1 Man kann anhand dieser Beispiele die Veränderung zeigen. (sich zeigen)

Anhand dieser Beispiele zeigt sich eine Veränderung.

2 Man kann hier Nischen für den Absatz des Produktes finden. (sich finden)

3 Betrachtet man nun die Untersuchungsergebnisse, kann man Unterschiede im Zusammenhang mit dem Lehren und Lernen zeigen. (sich zeigen)

4 Man kann die Module nach Funktion und Inhalt unterscheiden. (sich unterscheiden nach)

5 Man richtet den Blick auf die Entstehung der Schreibfähigkeiten. (sich richten auf)

b Bilden Sie vollständige Sätze.

1 die These / sich erweisen als / schlüssig:

Die These erweist sich als schlüssig.

2 diese Forderungen / sich ergeben aus + D / die vorangegangenen Entwicklungen

3 die Theorie / sich auszeichnen als / früheren Vermutungen gegenüber / überlegen

4 Müllers Position / sich abheben von + D / deutlich / Auffassung Meiers

5 diese Politik / sich auswirken auf + A / negativ / die Entwicklung der Löhne und Gehälter

> **// INTERFERENZFEHLER //** Prüfen Sie, wenn Sie unsicher sind, immer genau nach, ob Ihre Formulierungen ein reflexives Verb beinhalten. Manche reflexiven Verben in Ihrer Muttersprache sind im Deutschen nicht reflexiv, manche Sprachen kennen die Reflexivität gar nicht.

10 Konstruktionen mit ‚es'

a Lesen Sie die Information im Kasten und entscheiden Sie, welches ‚*es*' bei den Beispielen 1 bis 12 vorliegt.

> **// ‚ES' AM SATZANFANG UND BEI UNPERSÖNLICHEN VERBEN //** Das Pronomen *es* am Satzanfang kommt in wissenschaftlichen Texten recht häufig vor. Zum einen findet es sich bei Passivsätzen, die kein Subjekt haben: *Ich zeige in der Arbeit, dass …* | *Es wurde in der Arbeit gezeigt, dass …* Dieses so genannte **Erststellen**-*es* (auch Platzhalter-*es*) verschwindet bei der Umstellung des Satzes: In der Arbeit wurde gezeigt, dass … Aus stilistischen Gründen ist diese Umstellung auch zu empfehlen.
> Zum anderen gibt es eine Reihe unpersönlicher Formulierungen, die das Pronomen *es* benötigen. Dazu zählen auch Verben, die ein Thema benennen, z. B. *es geht um, es handelt sich um …* etc. Dieses *es* wird auch als **unpersönliches** *es* bezeichnet und bleibt bei Umstellung des Satzes.

		Erststellen-es	**unpersönliches** es
1	Es bedarf eines gründlichen Vorgehens, um …		
2	Es lassen sich deutliche Unterschiede feststellen.		
3	Es wird im Text auf die … verwiesen.		
4	Es folgt eine ausführliche Darstellung der Ergebnisse.		
5	Es spielt eine wichtige Rolle, ob …		
6	Es genügt nicht, wenn …		
7	Es wurde eine einheitliche Vorgehensweise festgelegt.		
8	Es scheint, dass…		
9	Es ist vorhersehbar / unverzichtbar …		
10	Es wird angenommen, dass …		
11	Es deutet einiges darauf hin, dass …		
12	Es wird vorausgesetzt, dass …		

b Nominativ oder Akkusativ? Lesen Sie die Regel und kreuzen Sie dann die richtige Antwort an.

> **// ‚ES' IN ERSTSTELLUNG //**
> Wenn das Pronomen *es* bei der Satzumstellung verschwindet, steht die Ergänzung im Nominativ, z. B. *Es existiert ein neuer Ansatz.* | *Ein neuer Ansatz existiert.*

1. Es besteht
   - a einen nachweisbaren Zusammenhang.
   - b ein nachweisbarer Zusammenhang.
2. Es entstand damit
   - a ein neuer Ansatz.
   - b einen neuer Ansatz.
3. Es ergibt sich daraus
   - a ein neuer Rahmen.
   - b einen neuen Rahmen für die Interpretation.
4. Es geht um
   - a einen neuen Ansatz.
   - b ein neuer Ansatz.
5. Es handelt sich um
   - a ein vielversprechender Versuch.
   - b einen vielversprechenden Versuch.
6. Es folgt
   - a ein weiterer Versuch, …
   - b einen weiteren Versuch, …

> // **LERNTIPP** // Notieren Sie beim Lesen von Fachliteratur für Sie interessante Ausdrücke mit *es* auf einer Karteikarte.

11 lassen + Infinitiv / zulassen + Nomen / erlauben + Nomen

a Bilden Sie Sätze mit den angegebenen Wortgruppen.

1 der Fundkontext der Siegel / eine frühere Besiedlung / vermuten (lassen)

Der Fundkontext der Siegel lässt eine frühere Besiedlung vermuten.

2 der Erhaltungszustand der Siegel / Aussagen über ihre damalige Verwendung (erlauben)

3 ihre unterschiedliche Größe / diese mit unterschiedlichen Funktionen verbunden sind / vermuten, dass (lassen)

4 die Darstellung der Kleidung / unterschiedliche Beeinflussungsrichtungen zwischen dem assyrischen und dem babylonischen Kulturkreis / erkennen (lassen)

5 der Abdruck / die Gestaltung der Skarabäusbeine / deutlich hervortreten (lassen)

6 die Funde / eine Aussage über den Gebrauch der Siegel (zulassen)

12 Übertragung der Handlung des Autors auf den Text / auf Textteile (Subjektschub)

a Schreiben Sie einen kurzen Überblick über die jeweiligen Kapitelinhalte. Formulieren Sie Sätze unter Verwendung der angegebenen Verben, sodass ein zusammenhängender Text entsteht.

1. Kapitel: einführen in das Thema „Lehr- und Lernforschung"
2. Kapitel: Überblick geben über die zwei wichtigen Theorien der Lehr- und Lernforschung, Konstruktivismus und Behaviorismus
3. Kapitel: Diskutieren und Vergleichen der Theorien
4. Kapitel: Ideen für die didaktische Anwendung im Unterricht vorstellen
5. Kapitel: wichtigste Punkte zusammenfassen, Desiderata benennen für die weitere Forschung

Das erste Kapitel führt in das Thema „Lehr- und Lernforschung" ein.

> // **SUBJEKTSCHUB** //
> In vielen wissenschaftlichen Texten wird der Text bzw. werden Textteile zu „Handelnden" gemacht, indem man aktive Formulierungen statt Passiv / Passivparaphrasen verwendet: *Das folgende Kapitel stellt die Entwicklungen der Psychiatrie im 19. Jahrhundert dar.*
> anstelle von: *Im folgenden Kapitel werden die Entwicklungen der Psychiatrie im 19. Jahrhundert dargestellt.*

TABUFRAGE

Darf ich wissenschaftliche Werke, die sehr schwer zu lesen sind, aussortieren und mich auf jene Werke konzentrieren, die ich gut verstehe?

TEST

Bewerten Sie diesen Text – er ist die Einleitung einer studentischen Hausarbeit – hinsichtlich der verwendeten Strukturen. Was würden Sie anders machen?

Im Rahmen des Studienkollegs zu Berlin wird das Projekt, welches das Problem der studentischen Nebenjobs aufgreift, verwirklicht. Erstens bezweckt die Projektgruppe mit Interviews die Motive und die Erfahrungen der Studenten, die gezwungen sind, neben dem Studium zu arbeiten, zu verstehen. Es wird vorgenommen herauszufinden, ob die schwierige finanzielle Situation der einzige und der wichtigste Grund ist, zu jobben oder ob auch andere Faktoren eine wesentliche Rolle spielen. Zweitens wird geplant, andere, nicht arbeitende Studierende zu befragen, was sie über das Thema denken und wie sie das Thema betrachten würden.

PROJEKT

Schreiben Sie Ihr Lieblingsmärchen so um, dass es wie eine wissenschaftliche Abhandlung klingt. Sie können sich von dem Textbeispiel inspirieren lassen. Lesen Sie sich Ihre Texte gegenseitig vor.

Angesichts der Krankheit seiner mitten im Wald wohnenden Großmutter bestand bei einem aufgrund der von ihm getragenen roten Mütze ‚Rotkäppchen' genannten Fräulein der Wunsch, der älteren Verwandten einen Besuch abzustatten. Auf dem Weg begegnete das Rotkäppchen einem, nach wissenschaftlichen Erkenntnissen den Raubtieren zuzuordnendem Tier, dem Wolf (lat. canis lupus). Infolge dieser Begegnung brachte der Vierbeinige dank seiner außerordentlichen Schläue die Anschrift der Großmutter in Erfahrung. Nach der Ankunft in der abgelegenen Behausung verstellte sich der Wolf als das Rotkäppchen. Sowohl die Großmutter als auch das Fräulein wurden von ihm unverzüglich angegriffen und konsumiert. In unmittelbarer Nähe hielt sich ein Mann auf, von Beruf Jäger, der das Rotkäppchen sowie die alte Dame aus dem Inneren des Wolfes herauslöste und das Tier tötete.

(Karolina Watroba)

D

// Literatur recherchieren, beschaffen und dokumentieren // Wissenschaftliche Werke gezielt einsetzen // planvoll lesen // den Sinn wissenschaftlicher Texte erschließen // erste eigene Texte verfassen //

// LESEKOMPETENZ ERWERBEN //

Wissenschaftliche Texte lesen und verstehen

„Der Versuch einer grundsätzlichen Bestimmung des Begriffes der Arbeit scheint überflüssig, seit in der ökonomischen Theorie das stillschweigende Übereinkommen besteht, von einer definitorischen Bestimmung der Arbeit als solcher abzusehen und unter Arbeit nur die wirtschaftliche Tätigkeit, die Praxis innerhalb der wirtschaftlichen Dimension zu verstehen. „Hat der allgemeine Begriff ‚Arbeit' durch den Sprachgebrauch einen so unbestimmten Inhalt bekommen, dass seine Abgrenzung zu einem eindeutigen Begriff nicht wohl möglich ist, so gibt gerade dieser Umstand den Vertretern der Wirtschaftswissenschaft das Recht, sich auf einen spezifisch wirtschaftlichen Begriff ‚Arbeit' zu einigen, der nicht aus dem allgemeinen Begriffe ‚Arbeit' ausgeschieden, sondern in einem anderen Verfahren gewonnen ist."
(Marcuse 1965: 7)

- Wie könnte sich die Studentin die Bedeutung der Aussagen des Philosophen, Politologen und Soziologen Herbert Marcuse erschließen? Notieren Sie möglichst viele Strategien.

// LANGZEITPROJEKT // Wissenschaftliche Texte zu lesen und zu verstehen, ist äußerst komplex und anspruchsvoll, da die Texte nicht für sich stehen, sondern sich auf viele andere Texte beziehen und auf diese Weise ein Textgeflecht ergeben. Es wird voraussichtlich mehrere Semester dauern, bis sich Ihnen die Texte leichter erschließen. Neben den Inhalten kann Ihnen auch die Sprache Probleme bereiten.

Selbsttest: Ihre Lesekompetenz in Mutter- und Fremdsprache

a Bearbeiten Sie den folgenden Selbsttest, um herauszufinden, was Ihnen beim Lesen und Verarbeiten von wissenschaftlicher Literatur leicht und was Ihnen schwer fällt. Füllen Sie den Test zweimal aus. Denken Sie bei der ersten Version an die Sprache, in der Sie wissenschaftliches Arbeiten erlernt haben. Denken Sie bei der zweiten Version an Deutsch als Wissenschaftssprache.

Version 1: .... als Wissenschaftssprache		
	Stärken	**Schwächen**
Kontextwissen	Aus folgenden Gründen werden Quellen zitiert:	☐ Ich weiß nicht, warum Quellen zitiert werden.
	Das kann ich mit den folgenden wissenschaftlichen Werken für mein eigenes Studium anfangen: Monografie: Sammelband: Memorandum:	☐ Ich weiß nicht, was ich mit Monografie, Sammelband und Memorandum für mein eigenes Studium anfangen kann.
Leseverständnis	Ich bin mir bewusst, auf welchen Ebenen ich mein Leseverständnis verbessern kann: ☐ Wortschatz ☐ Grammatik ☐ Textzusammenhänge ☐ logische Struktur ☐ Lesestil	☐ Ich weiß nicht, auf welchen Ebenen meine Probleme liegen.
Lese- und Schreibpraxis	☐ Mir ist klar, wozu ich einen Text lese und welche Fragen ich an ihn habe. ☐ Vor dem Lesen mache ich mir Notizen.	☐ Mir ist nicht immer klar, wozu ich einen Text lese und welche Fragen ich an ihn habe. ☐ Vor dem Lesen mache ich mir keine Notizen.
	☐ Auch über komplex argumentierende Originaltexte kann ich mir einen Gesamtüberblick verschaffen und die Hauptaussagen erfassen.	☐ Bei komplex argumentierenden Originaltexten fehlt mir bis zum Schluss der Gesamtüberblick und es fällt mir schwer, die Hauptaussagen zu erfassen, weil ich Satz für Satz und nicht Abschnitt für Abschnitt bearbeite.
	☐ Ich kann mich von den Originaltexten lösen und in eigenen Worten wiedergeben, worum es geht.	☐ Ich kann mich nicht von den Originaltexten lösen und in eigenen Worten wiedergeben, worum es geht.

Version 2: Deutsch als Wissenschaftssprache		
	Stärken	**Schwächen**
Kontextwissen	Aus folgenden Gründen werden Quellen zitiert:	☐ Ich weiß nicht, warum Quellen zitiert werden.
	Das kann ich mit den folgenden wissenschaftlichen Werken für mein eigenes Studium anfangen: Monografie: Sammelband: Memorandum:	☐ Mir weiß nicht, was ich mit Monografie, Sammelband und Memorandum für mein eigenes Studium anfangen kann.
Leseverständnis	Ich bin mir bewusst, auf welchen Ebenen ich mein Leseverständnis verbessern kann: ☐ Wortschatz ☐ Grammatik ☐ Textzusammenhänge ☐ logische Struktur ☐ Lesestil	☐ Ich weiß nicht, auf welchen Ebenen meine Probleme liegen.
Lese- und Schreibpraxis	☐ Mir ist klar, wozu ich einen Text lese und welche Fragen ich an ihn habe. ☐ Vor dem Lesen mache ich mir Notizen.	☐ Mir ist nicht immer klar, wozu ich einen Text lese und welche Fragen ich an ihn habe. ☐ Vor dem Lesen mache ich mir keine Notizen.
	☐ Auch über komplex argumentierende Originaltexte kann ich mir einen Gesamtüberblick verschaffen und die Hauptaussagen erfassen.	☐ Bei komplex argumentierenden Originaltexten fehlt mir bis zum Schluss der Gesamtüberblick und es fällt mir schwer, die Hauptaussagen zu erfassen, weil ich Satz für Satz und nicht Abschnitt für Abschnitt bearbeite.
	☐ Ich kann mich von den Originaltexten lösen und in eigenen Worten wiedergeben, worum es geht.	☐ Ich kann mich nicht von den Originaltexten lösen und in eigenen Worten wiedergeben, worum es geht.

// IHR VORWISSEN // Nutzen Sie die beiden Selbsttests als Navigatoren durch dieses Kapitel. Machen Sie sich bewusst, dass Sie nicht bei Punkt Null anfangen, sondern dass Sie Erfahrungen mitbringen. Auf der Abschluss-Seite haben Sie die Möglichkeit, den Test zu wiederholen, um Ihren Lernerfolg zu überprüfen.

Wissenschaftliche Literatur

1 Funktionen wissenschaftlicher Werke

a Wozu werden wissenschaftliche Werke produziert? Ergänzen Sie den Lückentext.

[Schlüsselthemen • die Forschungsgemeinschaft • tragfähig • ‚Matthäus-Effekt' • den Erkenntnisgewinn • beste Forschungsbedingungen • neuem Wissen • zu stärken]

Wissenschaftliche Werke werden produziert, um (1) ______________ voranzubringen. Sie versorgen die Fachdisziplinen mit (2) ______________. Sie sind erstens die Voraussetzung dafür, dass sich die Fachdisziplinen über ihre (3) ______________ verständigen können. Sie sind zweitens die Voraussetzung dafür, dass (4) ______________ prüfen kann, ob die Forschungsergebnisse (5) ______________ sind. Wissenschaftliche Werke werden aber auch produziert, um die eigene Position innerhalb der Forschungsgemeinschaft (6) ______________. R. K. Merton prägte für die gängigen Rezeptionspraktiken den Begriff (7) ______________ und bezieht sich damit auf das Bibelzitat „Wer hat, dem wird gegeben". Höchstes Ansehen und (8) ______________ genießt, wessen Aufsätze in den renommiertesten Fachblättern erscheinen und von anderen am häufigsten zitiert werden. (➔ Band 2, Standards wissenschaftlichen Arbeitens).

b Wozu werden wissenschaftliche Werke rezipiert? Ordnen Sie den unterschiedlichen Absichten die Textauszüge A bis D zu. Manchmal treffen mehrere Antworten zu. Markieren Sie in den Texten die entscheidenden Redemittel.

fachliche Absichten

Wissenschaftliche Werke werden aus **fachlichen Absichten** rezipiert. Im Rezipieren spiegelt sich das Ringen um tragfähige Forschungsergebnisse. Dieses Ringen wird als wissenschaftlicher Diskurs bezeichnet. Wissenschaft bedeutet immer, sich auf die Arbeiten von anderen Forschenden zu beziehen. Es gibt die folgenden drei Spielarten:

1. Die Autorin bekräftigt, was andere vor ihr herausgefunden und formuliert haben.
____

2. Die Autorin stimmt nach dem Prinzip ‚Ja, aber' einigen Teilen zu und weist andere zurück.
Text A

3. Die Autorin führt eine komplette Gegenrede.
____

rhetorische Absicht

Wissenschaftliche Werke werden auch in **rhetorischer Absicht** rezipiert. Die reine Wissenschaft bzw. den reinen wissenschaftlichen Diskurs gibt es nicht. Wissenschaft ist immer auch ein Spiel um Anerkennung, Prestige und Reputation (➔ Kap. A). Zu diesem Machtspiel gehört es, sich geschickt der Rhetorik – der Kunst des Überzeugens – zu bedienen.

4. Von Nachwuchswissenschaftler_innen wird erwartet, dass sie nicht zu selbstbewusst eigene Positionen vertreten oder zu harsche Kritik an den Wissensbeständen äußern. Daher bedienen sich Studierende und Promovierende der Strategie, höherrangige Wissenschaftler_innen zu rezipieren und sich deren Positionen anzuschließen.
Text D

A In „Die männliche Herrschaft“ zeigt Bourdieu (1997), wie die Ungleichheit zwischen Männern und Frauen reproduziert wird. Frauen komme der Objektstatus zu, im privaten wie im öffentlichen Raum erledigten sie zum Nutzen ihrer Ehemänner repräsentative sowie soziale Aufgaben ebenso wie alle Arbeiten, die mit Ästhetik verbunden seien. Männer hingegen nähmen einen Subjektstatus ein. Hierin bestehe die „fundamentale Asymmetrie, die zwischen Mann und Frau […] hergestellt wird“ (ebd.: 205). Mit seiner Rekonstruktion der Geschlechterverhältnisse gab Bourdieu der genderkompetenten Forschung der 1990er Jahre wichtige Impulse.

Zustimmung

Allerdings entwickelte der französische Soziologe das Konzept der männlichen Herrschaft in Referenz auf eine vormoderne Gesellschaftsform. Die Tragfähigkeit seines Konzepts für moderne Gesellschaftsformen ist folglich erst noch empirisch nachzuweisen.

Einschränkung der Zustimmung

B In der Forschung (Funder 2004; Riegraf 2000; Wilz 2004) wird es als problematisch aufgefasst, dass Unternehmen zwar von sich behaupten, alle Organisationsangehörigen gleichberechtigt zu behandeln, dass aber die Praxis ganz anders aussehe. Kritisiert wird der Unterschied zwischen Schein und Sein in Unternehmen. Häufig verhindere der Schein die tatsächliche Umsetzung von Gleichheitspolitik. Dieser Lesart halte ich mit Günther Ortmann (2004) entgegen, dass es zahlreiche empirisch belegte Fälle gibt, in denen Arbeitsorganisationen „etwas ‚nur zum Schein‘ beginnen und dann doch Ernst daraus wird“ (ebd., 99).

C Im betriebswirtschaftlichen Mainstream wird viel von den Marktzwängen schwadroniert; bestimmte politische Maßnahmen werden als alternativlos dargestellt (z. B. Zeisig 2010: 25; Liebermann 2011: 57). Um diese äußerst problematische, neoliberale Behauptung von der Zwangsläufigkeit des ökonomischen Systems zu hinterfragen, ist es ertragreich, die Instrumente des betrieblichen Controllings zu analysieren. Denn das Controlling ist „nicht einfach als Technik des Dokumentierens ökonomischer Sachverhalte in Organisationen zu verstehen, sondern [es] spielt eine aktive Rolle in der Konstitution ökonomischen Handelns“ (Becker 1999: 238).

D Bei der Hypothesenbildung stütze ich mich in meiner Doktorarbeit auf die Fachliteratur zu der Funktionsweise öffentlicher Verwaltungen, insbesondere auf die Theorien der Soziologie von öffentlichen Verwaltungen (Mayntz 1978; Lipsky 1980). Sie zeigen auf, wie sich *die öffentliche Politik* entwickelt und wie sie Beamte – innerhalb ihrer jeweiligen Ermessensspielräume – implementieren.

> **// KONTEXTWISSEN //** Wenn Sie verstehen, warum wissenschaftliche Werke produziert und rezipiert werden, verstehen Sie auch, was ‚wissenschaftlicher Diskurs‘ meint. Einfach ausgedrückt ist das der Umstand, dass sich Forschende nicht im luftleeren Raum bewegen, sondern sich aufeinander beziehen. Dieses Kontextwissen hilft Ihnen beim Lesen und Entschlüsseln von wissenschaftlichen Werken.

2 Literaturrecherche, -beschaffung und -dokumentation

a Was ist was? Lesen Sie die Beschreibungen der verschiedenen wissenschaftlichen Werke und schreiben Sie die jeweils passende Nummer auf den Buchrücken.

1 Ein alphabetisch geordnetes Nachschlagewerk, in dem das Wissen eines bestimmten Fachgebiets dokumentiert ist.

2 Ein Werk, das ein Thema sehr umfangreich und in die Tiefe gehend behandelt. Meist wird es von einem / einer einzelnen Autor_in verfasst. Es kann jedoch auch das Produkt einer Zusammenarbeit mehrerer Wissenschaftler_innen sein.

3 Ein Werk über ein bestimmtes Thema, dessen Kapitel bzw. Abschnitte unterschiedliche Autor_innen verfasst haben.

5 Ein Werk, herausgegeben zu Ehren einer wissenschaftlichen Persönlichkeit, dessen Beiträge Fachkolleg_innen zu einem runden Geburtstag der Geehrten verfasst haben. Mit dieser Textsorte werden nicht nur Personen, sondern auch Institutionen gewürdigt.

4 Ein Werk, das für Studierende geschrieben ist und sie in ein bestimmtes Thema einführen will. Behandelt werden die Grundlagen, das Werk hat den Charakter einer Übersicht. Häufig werden Literaturhinweise zur Vertiefung von Fragestellungen gegeben.

6 Eine regelmäßig erscheinende Aufsatzsammlung innerhalb eines spezifischen Fachbereichs oder einer speziellen Themenstellung.

7 Ein Werk, verfasst von renommierten Forscher_innen, die sich öffentlich zu Wort melden und einen gemeinsamen Standpunkt veröffentlichen.

b Schlussfolgern Sie aus den Quellenangaben, um welches wissenschaftliche Werk es sich jeweils handelt. Begründen Sie, auf welche Elemente Sie sich dabei stützen. Im Infokasten finden Sie Hilfestellungen.

1 Deutsches Institut für Fernstudien (1978): 10 Jahre Deutsches Institut für Fernstudien an der Universität Tübingen. Erfahrungen und Zukunftsperspektiven. Basel: Beltz. Festschrift

2 Heinrich, Karen (2013): Fan costuming und cosplay zu Star Wars und Anime. Die kulturelle Praxis von Fans japanischer und amerikanischer Populärkultur. Heuchelheim: Longtai-Verlag. ______

3 Arbeitsgruppe Alternative Wirtschaftspolitik (1985): Gegen die Unterwerfung der Arbeit und die Zerstörung der Umwelt – mehr Arbeitsplätze, soziale Sicherheit und Umweltschutz. Köln: Pahl-Rugenstein.

______

4 Feldkamp, Jörg (Hg.) (2010): Industriekultur in Sachsen. Neue Wege im 21. Jahrhundert. Chemnitz: Zweckverband Sächsisches Industriemuseum.

______

5 Hurrelmann, Klaus / Quenzel, Gudrun (2013): Lebensphase Jugend. Eine Einführung in die sozialwissenschaftliche Jugendforschung. Weinheim u.a.: Beltz Juventa. ______

6 International Journal of Musicology ______

// SYNONYME //

Für ‚Lehrbuch' sind auch die Bezeichnungen ‚Lehrwerk' sowie ‚Handbuch' gebräuchlich. Lehrbücher führen oft die Bezeichnung ‚Einführung in …' oder ‚Grundzüge der …' im Titel. Ein Fachlexikon wird auch als (Fach-)Wörterbuch bezeichnet. Ein Memorandum wird auch ‚Denkschrift' genannt.

c Machen Sie unter den Studierenden Ihres Freundeskreises oder in Ihrem Kurs eine Mini-Umfrage. Wer stimmt den folgenden Aussagen zu, wer verneint? Führen Sie eine Strichliste und werten Sie diese aus. Zu welchem Ergebnis kommen Sie?

	Ich stimme zu.	Ich stimme nicht zu.
1) Ich gehe selten in eine Bibliothek, um nach Fachliteratur zu recherchieren. Das erledige ich meist im Internet.		
2) Die Suchmaschine Google liefert mir bessere Ergebnisse als der digitale Bücherkatalog meiner Hochschulbibliothek.		
3) Ich finde Bibliotheken umständlich, z.B. ist die Leihfrist von Büchern zu kurz.		

d Schätzen Sie die Prozentangaben und vergleichen Sie sie danach mit den Lösungen. Wie nahe sind Sie den tatsächlichen Befunden gekommen?

Für (1) ______ Prozent der Studierenden sind allgemeine Suchmaschinen die erste Wahl, um an Informationen zu gelangen. (2) ______ Prozent haben den Umgang mit elektronischen Informationsquellen von ihren Freundinnen und Freunden gelernt. (3) ______ Prozent glauben, dass Informationen von allgemeinen Suchmaschinen genauso vertrauenswürdig wie die aus Bibliotheken sind. (4) ______ Prozent nutzen die Website einer Hochschulbibliothek als Ausgangspunkt für eine Recherche.

(aus: Lorenzo et al. 2006, S. 2)

e Überlegen Sie: Warum sind die Befunde aus Aufgabe 2d problematisch?

> // **KOMPETENT BERATEN?** // Empirische Studien zeigen, dass Studierende sehr selten die Unterstützung der Mitarbeiter_innen der Bibliotheken bei Literaturrecherche und -beschaffung in Anspruch nehmen. Vielleicht halten viele das Bibliothekspersonal für „Buch-Aufpasser". Dabei sind sie gut ausgebildete Fachkräfte. Auch ihre Lehrkräfte fragen Studierende bei der Suche nach wissenschaftlichen Informationen wenig an. Die meisten Studierenden lassen sich von Kommiliton_innen und Freund_innen beraten. (Fink 2008: 75)

f Wissen Sie's? Lösen Sie das Bibliotheks-Quiz.

Bibliotheca Albertina in Leipzig

1. Ein Handapparat ist
   - a eine Sammlung von Fachliteratur, die wichtig für ein Seminar ist und die nur in der Bibliothek benutzt werden darf.
   - b ein besonders dickes Fachlexikon.
   - c ein erfundenes Kompositum.

2. Ein Bibliotheksportal ist
   - a ein Online-Katalog der Bücher, die als gedruckte Version erhältlich sind.
   - b eine Internetseite, die alle Bibliotheken im deutschsprachigen Raum auflistet.
   - c eine Internetanwendung, welche nach Schlagwörtern die in der Hochschulbibliothek erhältliche sowie die elektronisch verfügbare akademische Fachliteratur externer Anbieter anzeigt.

3. Eine Hochschulbibliothek
   - a bietet Führungen und Seminare, z. B. zur Literaturrecherche und -verwaltung, an und stellt Gruppenarbeitsräume zur Verfügung.
   - b hat die alleinige Aufgabe, den Studierenden einer Hochschule die benötigte Fachliteratur zu verleihen – als Print-Version oder E-Book.
   - c bewahrt alle an der jeweiligen Hochschule verfassten Qualifikationsarbeiten auf.

4. Präsenzbibliotheken sind
   - a Sammlungen besonders wertvoller, historischer Quellen, die nicht kopiert werden dürfen.
   - b Bibliotheken, die in der vorlesungsfreien Zeit geschlossen bleiben.
   - c Bibliotheken, in denen keine Bücher ausgeliehen werden können; sie müssen vor Ort gelesen werden. Institutsbibliotheken sind häufig Präsenzbibliotheken.

5. Eine Lehrbuchsammlung ist
   - a eine Präsenzbibliothek, in der jedes Lehrbuch mindestens dreimal vorhanden ist.
   - b eine besondere Abteilung der Hochschulbibliothek, die ausschließlich Lehrbücher enthält, die entliehen werden können.
   - c eine Börse, bei der Studierende ihre Lehrbücher, die sie nicht mehr brauchen, gegen andere Lehrbücher eintauschen können.

6. Was versteht man unter Fernleihe?
   a Man lädt ein E-Book herunter.
   b Man lässt sich ein Buch per Post nach Hause schicken.
   c Man bestellt ein Buch, das in der eigenen Bibliothek nicht verfügbar ist.

7. Was ist Subito?
   a Ein Online-Tutorial für Studierende, welche mit wenig Zeitaufwand die Literaturrecherche erlernen wollen.
   b Ein elektronischer Dokumentenlieferdienst für Fachbücher sowie für Aufsatzkopien aus Fachzeitschriften. Die Texte können entweder direkt oder über die eigene Bibliothek bestellt werden.
   c Eine bundesweite Initiative zur Förderung der Informationskompetenz von Studierenden und Lehrenden.

g Gehen Sie das Quiz und die richtigen Lösungen noch einmal durch. Welche Hinweise helfen Ihnen bei Ihren eigenen Recherchen? Was möchten Sie ausprobieren? Notieren Sie Ihr Vorhaben.

> // **ONLINE-TUTORIALS** // Wenn Sie sich selbstständig in die Materie einarbeiten wollen, stehen Ihnen im Internet folgende Angebote zur Verfügung:
> - **LOTSE** (Library Online Tour & Self-Paced Education). LOTSE ist ein kooperativ erstelltes Angebot von Hochschulen in Deutschland und der Schweiz und stellt Module zum Selbstlernen zur Verfügung, z. B. zur Literatursuche und -dokumentation. Hier können Informationen zu Fachkatalogen und Datenbanken, elektronisch verfügbaren Volltexten, wissenschaftlichen Suchmaschinen und viele weitere Informationen abgerufen werden. In LOTSE gibt es Artikel, Grafiken, kommentierte Linktipps sowie Videos. Um den Lernerfolg zu überprüfen, können Tests absolviert werden. Außerdem leitet es zu Rechercheportalen für verschiedene Studienfächer weiter.
>   ➲ http://lotse.sub.uni-hamburg.de/
> - **Suchmaschinen-Tutorial** der Universitätsbibliothek Bielefeld, z. B. zur Auswahl geeigneter Suchmaschinen und zur Qualität von Google-Suchergebnissen. Mit Lehrvideo und PDF-Handreichung.
>   ➲ http://www.ub.uni-bielefeld.de/biblio/search/

h Kennen und nutzen Sie Software zur Erfassung der bibliografischen Angaben Ihrer Bücher? Wenn ja, stellen Sie dieses Programm im Kurs vor.

> // **LITERATURVERWALTUNGSPROGRAMME** // Genauso wie Sie ein Textverarbeitungsprogramm zum Verfassen und Ausdrucken Ihrer Texte nutzen, sollten Sie ein Literaturverwaltungsprogramm für die Erfassung Ihrer Literatur verwenden. Sie sparen auf diese Weise sehr viel Zeit. Zudem stellen Sie dadurch sicher, dass die Quellenangaben einheitlich dargestellt werden. Einführungskurse in Literaturverwaltungsprogramme können Sie über Ihre Hochschulbibliothek belegen. Viele Hochschulen bieten kostenlose oder günstige Lizenzen für diese Programme an.

Lesestrategien

1 Leseabsichten

a Lesen Sie, welche Leseabsichten die Studierenden verfolgen. Welches wissenschaftliche Werk empfehlen Sie wem? Nutzen Sie die Informationen in der Tabelle, um die Aufgabe zu lösen.

Lehrbuch

Valeska: Ich studiere Psychologie mit dem Schwerpunkt Arbeits- und Organisationspsychologie. In diesem Semester besuche ich zwei Seminare zu diesem Forschungszweig. Was mir fehlt: Der Überblick über das große Ganze. Wir besprechen in den Seminaren viele Aspekte, aber ich bräuchte Antworten auf ganz grundsätzliche Fragen, z. B. nach den Klassikern des Fachs, nach den Methoden und den zentralen Konzepten.

James: Für meine Bachelor-Arbeit will ich empirische Daten mittels Gruppendiskussionen erheben. Ich hätte gern ein Buch, in dem verschiedene Autor_innen ihre Erfahrungen mit dieser Methode schildern. Mich interessiert alles, also die Datenerhebung, die -dokumentation und auch die -auswertung.

Anton: Ich sitze an meiner Seminararbeit über Tausch-Theorien in der Ethnologie. Was ich bräuchte, ist eine kompakte Darstellung, welche Ethnologen welche Definition von ‚Tausch' vertreten. Außerdem wüsste ich gern, welche Literatur ich unbedingt lesen sollte.

Shantimay: Ich will ein Referat zu den Wirtschaftsbeziehungen zwischen DDR und Sowjetunion zwischen 1945 und 1961 halten. Mich interessiert vor allem, welche Rolle die Reparationszahlungen der DDR an die SU für die Konsolidierung der Wirtschaftsbeziehungen spielten.

Claire: Ich will mich darüber informieren, was aktuell in der Friedens- und Konfliktforschung diskutiert wird. Mich interessieren die neuesten Forschungsprojekte, aber auch Tagungen und Buchbesprechungen.

Joan: Ich will mein Fach besser verstehen und dazu herausfinden, welche wissenschaftlichen Netzwerke es in meinem Fach gibt: Wer bezieht sich auf wen? Wer lässt sich von wem inspirieren? Wer genießt großes Ansehen, an wem kommt man also nicht vorbei?

// ORIENTIERUNGSWISSEN //
Sie erschließen sich wissenschaftliche Werke effektiv, indem Sie 1) die Textsorte identifizieren, 2) sich die typischen Merkmale vergegenwärtigen und 3) diese Merkmale sinnvoll für Ihre jeweilige Aufgabenstellung nutzen.

	Typische Merkmale	Vorteile	Anwendung
Sammelband	Sammlung von Aufsätzen mehrerer Autor_innen zu einem übergeordneten Thema. Häufig das Ergebnis einer Fachtagung. Zwischen Tagung und Veröffentlichung können bis zu drei Jahre vergehen, je nachdem, wie schnell die Autor_innen ihre Texte liefern und wie schnell die Redaktionsgruppe arbeitet.	• Stellt die Bandbreite möglicher Zugänge, Fragestellungen, Methoden und Forschungsergebnisse dar. • Publiziert in manchen Fällen Forschungsergebnisse, bevor eine Monografie vorliegt. • Liefert brauchbare Zusammenfassungen der Studien einzelner Autor_innen.	• Ein Thema aus unterschiedlichen Perspektiven diskutieren. • Zugang zu aktuellen Forschungsergebnissen erlangen. • Sich effektiv Forschungsergebnisse erschließen, ohne ganze Monografien lesen zu müssen.
Monografie	Behandelt ein Thema intensiv unter einer bestimmten Fragestellung. Zwischen der Forschung und der Veröffentlichung der Ergebnisse können mehrere Jahre vergehen.	• Vermittelt ein umfassendes Bild von der Forschung und liefert umfangreiche Antworten.	• Wissen zu einem speziellen Thema aufbauen und vertiefen.
Lehrbuch	Ist als Einstieg in ein Fach / ein Thema / eine Methodologie gedacht und berücksichtigt bei der Stoffvermittlung die didaktischen Prinzipien.	• Ist leichter zugänglich als andere wissenschaftliche Werke. Entlastet die Studierenden von viel Vorarbeit, z. B. der Recherche nach den Klassikern des Faches.	• Überblickswissen zu einem Fach / einem Thema / einer Methodologie aufbauen.
Fachzeitschrift	Das Medium, in dem – nach festgelegten Regeln einer Qualitätskontrolle – neue wissenschaftliche Erkenntnisse veröffentlicht werden. In vielen Fachzeitschriften werden den Aufsätzen englischsprachige Zusammenfassungen (sogenannte Abstracts) vorangestellt. Neben den Aufsätzen gibt es Rezensionen und Tagungsberichte.	• Publiziert in manchen Fällen Forschungsergebnisse, die nie als Monografie veröffentlicht werden (kumulative Dissertation). • Bringt am schnellsten wissenschaftliche Erkenntnisse in Umlauf. • Liefert leicht zugängliche Zusammenfassungen der Studien einzelner Autor_innen. • Erschließt einen Fachbereich als Ganzes.	• Zugang zu aktuellen Forschungsergebnissen erlangen. • Sich effektiv aktuelle Forschungsergebnisse erschließen, ohne ganze Monografien lesen zu müssen. • Sich Kontextwissen über das eigene Fach aneignen.
Fachlexikon	Versammelt das Wissen eines Faches zu einem bestimmten Zeitpunkt.	• Erschließt Teilaspekte eines Faches in kompakten Texten und enthält häufig die für das Thema relevanten Literaturangaben.	• Überblickswissen zu Teilaspekten eines Faches aufbauen.
Festschrift	Ist einer Persönlichkeit gewidmet, die sich um Forschung und / oder Lehre verdient gemacht hat.	• Erschließt einen Fachbereich als Ganzes.	• Sich Kontextwissen über das eigene Fach aneignen.

b **Zwischen ihren Veranstaltungen an der Uni unterhalten sich zwei Studenten über ihren Umgang mit *Google Books*. Lesen Sie den Dialog und diskutieren Sie: Halten Sie den Pragmatismus der beiden für angebracht oder machen sie es sich zu leicht?**

Jens: „Neulich habe ich mit meinem Prof über meine Seminararbeit gesprochen. Er hat mich gefragt, wo ich mir meine Bücher besorge und mich vor der Institutsbibliothek gewarnt. Die Bücher dort seien veraltet, die meisten aus den 1970er Jahren. Ist das zu fassen?"
Ivo: „Ja, unglaublich. Ich zitiere inzwischen nur noch Bücher, die über Google Books zugänglich sind. Dort kann ich zwar keine ganzen Bücher lesen, aber das ist doch auch ganz praktisch bei den unzähligen relevanten Titeln."
Jens: „Mit Google Books habe ich auch schon gearbeitet. Vor einer Weile musste ich fünf Veröffentlichungen zu einem Thema zusammenfassen. Da habe ich mir über Google Books Bücher zusammengesucht, von denen die ersten Seiten verfügbar sind. Denn da steht doch alles drin, was ich wissen muss!"

c **Wie halten Sie es selbst mit der Recherche, der Beschaffung und der Bearbeitung von wissenschaftlicher Literatur? Welchen Prinzipien folgen Sie?**

d **Wie können Sie den Prinzipien ‚Pragmatismus' und ‚Wissenschaftlichkeit' gerecht werden? Sammeln Sie Stichpunkte.**

Pragmatismus
– nur Google Books verwenden
– vorab die Anzahl der zu lesenden Bücher festlegen
– ...

Wissenschaftlichkeit
– vollständige Bibliografie zum Thema erstellen
– ...

// **AUSBALANCIEREN** // Als Student_in dürfen bzw. müssen Sie pragmatisch sein, um Ihr Lese- und Schreibpensum zu bewältigen. Für das Verhältnis von Pragmatismus und Wissenschaftlichkeit gibt es keine Grundregel. Sie sollten für jeden Essay, jedes Referat und jede Seminararbeit das Verhältnis von Pragmatismus und Wissenschaftlichkeit neu bestimmen. Dabei helfen Ihnen die folgenden drei Kriterien: Ihre Ziele (z. B. sich ein Thema erarbeiten, die Prüfung bestehen, eine sehr gute Bewertung bekommen), Ihr Zeitbudget sowie der geforderte Seitenumfang Ihres Textes (➔ Intensivtrainer zu Band 2).

2 Leseprozess

a Lesen Sie die Aussagen und überlegen Sie, was davon auch auf Sie zutrifft. Was würden Sie den Personen raten?

Wenn ich einen Text für die Uni lesen muss, dann nehme ich das sehr ernst. Ich habe Angst, etwas zu übersehen, deshalb lese ich den Text sehr gründlich. Aber das dauert sehr, sehr lange.

Wenn ich einen Text habe, überfliege ich den Text nicht und verschaffe mir keine Orientierung, ich lese immer gleich „richtig" los.

Ich mache mir das Ziel des Lesens nicht immer klar. Ich lese, weil ich denke, dass ich alles gelesen haben muss, was von mir erwartet wird.

b Ordnen Sie den Stufen des Lesens die passenden Tätigkeiten zu.

Texte aussuchen und auswählen • die Argumentation nachvollziehen • Informationen aus dem Text in einen eigenen Text integrieren • den Text reflektieren • die Eignung der Texte überprüfen • Erwartungen an die Texte formulieren • die Lesezeit festlegen • eine Zusammenfassung schreiben • die Motivation prüfen • die Lesesituation gestalten • Gelesenes mit anderen Texten in Beziehung setzen • Markieren / Unterstreichen • Begriffe klären • eine grafische Veranschaulichung nutzen • Fragen an den Text stellen • Sekundärliteratur einsetzen • Wörterbücher und Lexika benutzen • den Lesefortschritt und die Zielorientierung prüfen • den Text rekapitulieren • Informationen über Kontext (Autor, Diskurs, Quelle) • das Leseergebnis dokumentieren • Fragen an den Text beantworten

Vorbereitung	Während des Lesens	Nachbereitung
Texte aussuchen und auswählen		

(nach: Kruse 2010, S. 35)

c Wie gehen Sie beim Lesen für das Studium vor? Welche Dinge tun Sie (noch) nicht?

// PLANVOLL LESEN // Das Lesen für das Studium ist eine sehr wichtige Arbeitstechnik, die nicht viel mit dem unterhaltsamen, entspannenden Lesen eines Krimis zu tun hat. Sie sollten Ihr Lesen planen, damit Sie nicht zu viel Zeit damit verbringen. Je genauer Sie wissen, wozu Sie lesen, desto effektiver können Sie lesen. Je mehr Vorwissen Sie haben, umso leichter können Sie Texte verstehen.

3 Lesestile

a Ordnen Sie die Lesestile den Personen und ihren Situationen zu.

Selektives Lesen
Sie suchen in einem Text Antworten auf bestimmte Fragen. Dafür suchen Sie nach Schlüsselwörtern oder -sätzen.

Analytisches Lesen
Sie verstehen einen Text oder Textabschnitt nicht und analysieren deshalb die Satzstrukturen, die Satzzusammenhänge und das Vokabular.

Detailliertes Lesen
Sie wollen einen Text vollständig erfassen.

Kursorisches Lesen
Sie erfassen möglichst schnell wesentliche Aussagen eines Textes.

Anna sucht Literatur für ein Referat. Sie hat im Internet recht viele Fachartikel gefunden. ______

Karim liest den Text eines Autors, den er interpretieren soll. Er hat Verständnisschwierigkeiten. ______

Yi muss einen Text für ein Seminar zusammenfassen und dort referieren.

______

Patricia liest ein Fachbuch über Mobbing für ihre Bachelorarbeit. Sie will in ihrer Arbeit Maßnahmen gegen Cybermobbing in Schulen vorstellen.

______

b Welche Lesestile benötigen Sie in den einzelnen Phasen des Leseprozesses?

1 Vorbereitung des Lesens: kursorisches Lesen

2 Während des Lesens: ______

3 Nachbereitung: ______

4 Lesen in der Fremdsprache

a Lesen Sie die Forschungsergebnisse über das wissenschaftliche Lesen in der Fremdsprache und diskutieren Sie: Welche Schlussfolgerungen lassen sich für das Lesen in der Fremdsprache ziehen? Schreiben Sie eine Liste mit Vorschlägen und Empfehlungen, wie Sie Ihr Lesen in der Fremdsprache verbessern können.

1 Nicht-muttersprachliche Leser_innen übergehen unbekanntes Sprachmaterial.
2 Grammatische Strukturen werden beim selektiven Lesen kaum bewusst wahrgenommen.
3 Lesen in der Muttersprache verbessert auch das Lesen in der Fremdsprache.
4 Wörter, die eine grammatische Funktion haben, bereiten oft genauso viele Probleme wie Wörter der Alltäglichen Wissenschaftssprache.
5 Fremdsprachenlernende verarbeiten Texte und Informationen tiefer als nötig und haben weniger Mut als Muttersprachler_innen, Hypothesen über den Text aufzustellen. Sie sind weniger risikofreudige Leser_innen.
6 Fremdsprachenlernende tendieren zu einer wort- und satzisolierten Leseweise.
7 Informationen werden addiert und Kohärenz und Bezüge nicht verstanden.

(vgl. Stiefenhöfer 1986; Westhoff 1987)

- Um herauszufinden, ob ich unbekanntes Sprachmaterial einfach übergehe, muss ich mein Lesen genau beobachten. Wenn ja: gezielt mir unbekannte Wörter und Strukturen erschließen.
-
-

5 Wörterbuchnutzung während des Lesens

a Welche der drei Aussagen beschreibt die Art und Weise, wie Sie ein Wörterbuch während des Lesens verwenden, am besten?

Ich benutze kaum noch das Wörterbuch, das meiste verstehe ich und kann die Bedeutung oft aus dem Kontext heraus erschließen.

Ich möchte alles ganz genau verstehen, deshalb schlage ich fast alles nach, was ich nicht verstehe und notiere es mir in einem Heft.

Ich entscheide je nach Situation, ob ich ein Wort nachschlage. Wenn es wichtig ist, weil ich etwas ganz genau verstehen muss, dann schlage ich nach. Wenn ich beim Überfliegen eines Textes die Aussagen in etwa verstehe, dann schlage ich kaum nach.

b **Wie bewusst setzen Sie das Wörterbuch ein? Welches Wörterbuch bzw. welche Wörterbücher und Webseiten benutzen Sie?**

c **Überfliegen Sie den Text und streichen Sie alle Wörter, die Sie nicht verstehen, mit Bleistift durch.**

Forschungsdebatte ohne Ende

VON HEBATALLAH FATHY

Seit den achtziger Jahren des vergangenen Jahrhunderts hat eine rege Debatte um den Stellenwert der Germanistik als kulturwissenschaftliches Fach stattgefunden. Ab dem Jahr 2000 wurde diese – begleitet durch unzählige Publikationen zum Thema Literatur(wissenschaft) und / als Kultur(wissenschaft) – trotz kritischer Stimmen weitgehend zugunsten einer kulturwissenschaftlichen Ausrichtung der Germanistik entschieden. Der bereits in den USA und Großbritannien einsetzende „cultural turn" wurde auch in der Inlandsgermanistik ein Begriff häufig im Zusammenhang mit der Diskussion um die Rechtfertigungskrise des Fachs. 2001 schreibt Britta Hermann:

„Als ehemalige Nationalphilologie und Literatur-Wissenschaft scheint die Germanistik in Zeiten der Globalisierung [...] ihren Kredit verloren zu haben. Als Kulturwissenschaft hätte sie, so scheint es, plötzlich die Chance, noch einmal jenen zentralen Platz in der Wissenschaftslandschaft zugewiesen zu bekommen, auf den sie im 19. Jahrhundert so stolz war und den sie heute wohl nur noch aufgrund der stetig steigenden Studentenzahlen einnimmt. Gerade der erweiterte Textbegriff eröffnet der Germanistik jedoch nicht nur interdisziplinäre Anschlussmöglichkeiten an Kulturgeschichte, Anthropologie und Medienwissenschaft, sondern führt vor allem zur fachlichen Selbstreflexion – methodisch und strukturell." (Hermann 2001: 70 f.)

Der angesprochene erweiterte Textbegriff definiert Kultur als „eine Konstellation von Texten, die – über das geschriebene und gesprochene Wort hinaus – auch in Ritualien, Theater, Gebärden, Festen usw. verkörpert sind." (Bachmann-Medick 2004: 10) Diese Definition beruht vor allem auf der von dem amerikanischen Kulturanthropologen Clifford Geertz entwickelten Metapher „Kultur als Text", die „die Analyse kultureller Praktiken analog zur kritischen Lektüre eines Textes als hermeneutischen Akt" (Nünning 2008: 393) betrachtet. Demzufolge sei Kultur „ein vom Menschen geschaffenes Bedeutungsgewebe, das im Prozess der Kulturanalyse interpretiert werde" (ebd.).

(aus: Fathy 2010, S. 39)

d **Fassen Sie den Textinhalt in Stichpunkten zusammen.**

e **Prüfen Sie die Wörter, die Sie in Aufgabe 5c durchgestrichen haben: Können Sie mithilfe des Kontextes oder mithilfe Ihrer Kenntnisse über Wortbildung und die Metaphorik der Wissenschaftssprache die Wörter verstehen? Machen Sie Notizen und tauschen Sie sich über diese Wörter aus.**

// **SPARSAMER WÖRTERBUCHEINSATZ** // Wichtig für das Lesen ist, dass Sie vor dem Lesen Fragen an den Text stellen und nur jene unbekannten Wörter prüfen, die Sie zur Beantwortung der Fragen benötigen. Nutzen Sie zunächst Ihr Wissen, den Kontext und Ihre Kenntnisse zu Wortbildung und Metaphorik der AWS, um unbekannte Wörter zu erschließen. Erst wenn das nicht möglich ist, sollten Sie Wörter im Wörterbuch nachschlagen und prüfen, ob die gefunde Bedeutung zum Text passt.

6 Die PQ4R-Methode

> // **PQ4R** // Es gibt verschiedene Methoden, Texte durchzuarbeiten. Hier sei die Methode PQ4R vorgestellt. Die Abkürzung PQ4R steht für: **P**review, **Q**uestions, **R**ead, **R**eflect, **R**ecite, **R**eview.

a Probieren Sie die PQ4R-Methode am Text von Bänsch / Alewell (2013) aus.

1 PREVIEW: Übersicht über den Text erlangen: Überfliegen Sie den Text und verschaffen Sie sich einen Überblick durch kursorisches Lesen. Beantworten Sie dann die Fragen:

- Worum geht es im Text?
- Was empfiehlt der Text?
- Wie viele Abschnitte hat der Text?

2 QUESTIONS: Formulieren Sie nun Fragen an den Text und notieren Sie sie.

3 READ: Lesen Sie den Text gründlich Abschnitt für Abschnitt in Bezug auf Ihre Fragen. Unterstreichen und markieren Sie Wichtiges. Wenn der Text für Sie sprachlich zu schwer ist, lösen Sie zuerst die Aufgaben zur Sprache ab S. 123.

4 REFLECT: Denken Sie nach dem Lesen jedes Abschnitts über das Gelesene nach. Verstehen Sie die Aussagen und die Argumentation?

5 RECITE: Machen Sie sich Notizen zum Gelesenen am Textrand.

6 REVIEW: Lesen Sie nun den Text noch einmal und prüfen Sie, ob Sie nichts Wichtiges vergessen haben. Schreiben Sie eine kurze Zusammenfassung des Textes.

Quantitativ angemessener Literaturrahmen

BÄNSCH, A. / ALEWELL, D.

Was in quantitativer Hinsicht als angemessene Literaturauswahl gilt, bestimmt sich einerseits an der Breite und Tiefe der Themenstellung, andererseits ebenfalls am Typ und Umfang der jeweiligen Arbeit und an dem für die Anfertigung eingeräumten Zeitrahmen. Die grundlegende Zielvorstellung ist, dass der Stand der bisherigen Forschung zum Thema umfassend aufgearbeitet und als Basis für die eigene Untersuchung verwendet wird. Die daraus resultierende Anforderung, die gesamte für das Thema wesentliche nationale und internationale Literatur (Bücher, Dissertationen, Beiträge in Fachzeitschriften und Sammelwerken) heranzuziehen, kann jedoch angesichts der Vielzahl verfügbarer Quellen in der Regel erst für umfangreichere wissenschaftliche Arbeiten erhoben werden, also für Diplomarbeiten und Masterarbeiten mit mindestens 6 Monaten Bearbeitungsdauer sowie für Dissertationen und Habilitationsschriften. In Seminar- und Bachelorarbeiten dürfen sich die Autorinnen und Autoren noch stärker auf einige für das jeweilige Thema zentrale Quellen konzentrieren.

Bei der Einschätzung, ob eine konkrete Anzahl von Titeln angemessen hoch oder zu niedrig ist, spielt zudem die Art des Themas eine Rolle. Liegt ein Thema zugrunde, das wegen seiner Aktualität und / oder Spezifität in der Literatur bislang nicht oder nur in geringem Maße bearbeitet wurde, oder gibt es nur einige wenige, dabei aber sehr zentrale Quellen zu diesem Thema, liegt die Anzahl der sog. ‚einschlägigen' damit zu berücksichtigenden Titel deutlich niedriger als bei einem von Forschern seit langem bearbeiteten Thema. Dies ergibt sich unmittelbar daraus, dass der bereits erreichte Forschungsstand als Ausgangsbasis verwendet werden soll: Dieser kann je nach Thema unterschiedlich ausfallen.

Nur die für die Themenbearbeitung tatsächlich herangezogenen und in der Arbeit zitierten Quellen sind in das Literaturverzeichnis aufzunehmen.

Häufig bleibt trotz der vorstehenden Hinweise Unsicherheit bei den Studierenden darüber bestehen, welche Anzahl an Quellen im Literaturverzeichnis von den Gutachterinnen und Gutachtern als angemessen betrachtet wird. Diese Studierenden können sich unter Beachtung der obigen inhaltlichen Aussagen ergänzend an folgender grober Daumenregel für Studienarbeiten orientieren:

Pro Textseite sollten mindestens 1–2 themenspezifische Quellen zitiert werden. Bei kürzeren Arbeiten (z. B. Seminararbeiten von 15 Seiten) orientiere man sich eher an der oberen Grenze (30 Quellen als angemessene Zahl), bei längeren Arbeiten (Masterarbeit von 60 Seiten) eher an der unteren Grenze (60 Quellen als angemessene Zahl).

(aus: Bänsch / Alewell 2013, S. 8–9)

Leseverständnis

1 Grammatische Strukturen

Quantitativ angemessener Literaturrahmen

BÄNSCH, A. / ALEWELL, D.

Was in quantitativer Hinsicht als angemessene Literaturauswahl gilt, bestimmt sich einerseits an der Breite und Tiefe der Themenstellung, andererseits ebenfalls am Typ und Umfang der jeweiligen Arbeit und an dem für die Anfertigung eingeräumten Zeitrahmen. Die grundlegende Zielvorstellung ist, dass der Stand der bisherigen Forschung zum Thema umfassend aufgearbeitet und als Basis für die eigene Untersuchung verwendet wird. Die daraus resultierende Anforderung, die gesamte für das Thema wesentliche nationale und internationale Literatur (Bücher, Dissertationen, Beiträge in Fachzeitschriften und Sammelwerken) heranzuziehen, kann jedoch angesichts der Vielzahl verfügbarer Quellen in der Regel erst für umfangreichere wissenschaftliche Arbeiten erhoben werden, also für Diplomarbeiten und Masterarbeiten mit mindestens 6 Monaten Bearbeitungsdauer sowie für Dissertationen und Habilitationsschriften. In Seminar- und Bachelorarbeiten dürfen sich die Autorinnen und Autoren noch stärker auf einige für das jeweilige Thema zentrale Quellen konzentrieren.

Bei der Einschätzung, ob eine konkrete Anzahl von Titeln angemessen hoch oder zu niedrig ist, spielt zudem die Art des Themas eine Rolle. Liegt ein Thema zugrunde, das wegen seiner Aktualität und / oder Spezifität in der Literatur bislang nicht oder nur in geringem Maße bearbeitet wurde, oder gibt es nur einige wenige, dabei aber sehr zentrale Quellen zu diesem Thema, liegt die Anzahl der sog. ‚einschlägigen' und damit zu berücksichtigenden Titel deutlich niedriger als bei einem von Forschern seit Langem bearbeiteten Thema. Dies ergibt sich unmittelbar daraus, dass der bereits erreichte Forschungsstand als Ausgangsbasis verwendet werden soll: Dieser kann je nach Thema unterschiedlich ausfallen.

Nur die für die Themenbearbeitung tatsächlich herangezogenen und in der Arbeit zitierten Quellen sind in das Literaturverzeichnis aufzunehmen.

Häufig bleibt trotz der vorstehenden Hinweise Unsicherheit bei den Studierenden darüber bestehen, welche Anzahl an Quellen im Literaturverzeichnis von den Gutachterinnen und Gutachtern als angemessen betrachtet wird. Diese Studierenden können sich unter Beachtung der obigen inhaltlichen Aussagen ergänzend an folgender grober Daumenregel für Studienarbeiten orientieren:

Pro Textseite sollten mindestens 1–2 themenspezifische Quellen zitiert werden. Bei kürzeren Arbeiten (z. B. Seminararbeiten von 15 Seiten) orientiere man sich eher an der oberen Grenze (30 Quellen als angemessene Zahl), bei längeren Arbeiten (Masterarbeit von 60 Seiten) eher an der unteren Grenze (60 Quellen als angemessene Zahl).

(aus: Bänsch / Alewell 2013, S. 8–9)

a Suchen Sie in dem Text von Bänsch / Alewell Beispielsätze für reflexive unpersönliche Verben, Passiv, Passiversatz, Gerundiv und Konjunktiv I. Notieren Sie diese Sätze und markieren Sie die darin enthaltenen Strukturen. Überlegen Sie auch, welche Funktion diese Strukturen haben. Was soll damit erreicht werden? (➲ Kapitel C).

Struktur	Zeile	Beispielsatz
Reflexive unpersönliche Verben	1–4	Was in quantitativer Hinsicht als angemessene Literaturauswahl gilt, bestimmt sich einerseits an der Breite und Tiefe der Themenstellung, …
Passiv		
Passiversatz		
Gerundiv (modales Partizip)		
Konjunktiv I		

// IMPLIZITES ENTSCHLÜSSELN // Vieles wird in wissenschaftlichen Texten nicht sichtbar oder explizit gemacht, z. B. treten die Autor_innen als Handelnde durch die Verwendung der in Aufgabe 1a behandelten Strukturen nicht explizit in Erscheinung. Aufforderungen und Empfehlungen werden oft nicht ausdrücklich gegeben, sondern können sich hinter diesen Strukturen verstecken. All das müssen Sie beim Lesen entschlüsseln können.

b Bereiten Ihnen diese Strukturen Probleme beim Lesen und Verstehen des Textes? Wenn ja, wie sind Sie damit umgegangen?

c Partizipialattribute: Unterstreichen Sie in den Sätzen die erweiterten Partizipien (I oder II). Formen Sie diese dann in Relativsätze um.

1 Was in quantitativer Hinsicht als angemessene Literaturauswahl gilt, bestimmt sich an dem <u>für die Anfertigung eingeräumten</u> Zeitrahmen.

Was in quantitativer Hinsicht als angemessene Literaturauswahl gilt, bestimmt sich an dem Zeitrahmen, der für die Anfertigung eingeräumt wurde.

2 Die daraus resultierende Anforderung kann jedoch erst für umfangreichere wissenschaftliche Arbeiten erhoben werden.

3 Die Anzahl der sog. ‚einschlägigen' und damit zu berücksichtigenden Titel liegt deutlich niedriger.

4 Die Anzahl der Titel liegt deutlich niedriger als bei einem von Forschern seit langem bearbeiteten Thema.

5 Dies ergibt sich unmittelbar daraus, dass der bereits erreichte Forschungsstand als Ausgangsbasis verwendet werden soll.

6 Nur die für die Themenbearbeitung tatsächlich herangezogenen und in der Arbeit zitierten Quellen sind in das Literaturverzeichnis aufzunehmen.

> // **SINNEINHEITEN MARKIEREN** // Markieren Sie bei längeren Sätzen Sinneinheiten im Text und entschlüsseln Sie diese.

d Lösen Sie die Komposita auf, indem Sie sie paraphrasieren.

1 Literaturauswahl: die Literatur, die ausgewählt wurde

2 Themenstellung:

3 Themenbearbeitung:

4 Literaturverzeichnis:

2 Wortschatz

a Der Text von Bänsch / Alewell enthält typische bildliche Ausdrücke der AWS (➲ Kapitel B). Schreiben Sie diese Ausdrücke aus dem Text unter das jeweilige Bildfeld.

Bildfeld „Sehen"

Hinsicht

Bildfeld „Maß"

angemessen

Bildfeld „Feld"

Basis

b Kollokationen: Suchen Sie im Text die entsprechende Kollokation heraus und ersetzen Sie die angegebene Variante.

1 der gegebene Zeitrahmen — der eingeräumte Zeitrahmen
2 Literatur benutzen
3 ein Thema als Arbeitsgrundlage haben
4 etwas als Ausgangsbasis nehmen
5 etwas in das Literaturverzeichnis schreiben
6 es gibt noch immer Unsicherheit
7 etwas als angemessen sehen

c Bringen Sie Ihre eigenen schwierigen Texte mit und besprechen Sie diese. Worin liegen Ihre Verständnisschwierigkeiten begründet (Wortschatz, Grammatik, Satzstruktur)?

3 Satzübergreifende Bezüge

a In dem Text von Otto Kruse geht es um den Lese- und Verständnisprozess wissenschaftlicher Texte. Lesen Sie den Text und beantworten Sie die folgenden Fragen.

1 Bei welchen Texten ist es besonders notwendig, die Tiefenstruktur zu entschlüsseln?
2 Formulieren Sie in eigenen Worten, was laut Kruse jeder Text leistet und was viele Texte versuchen.
3 Was ist bei der Rekonstruktion der Aussagen und ihrer Struktur zu berücksichtigen?

Sich einen Text erarbeiten

OTTO KRUSE

Sich einen Text zu erarbeiten, heißt, seine Tiefenstruktur zu entschlüsseln. Das ist bei Texten nötig, die komplexe oder abstrakte Themen behandeln sowie bei Texten, zu denen die Lesenden eine große historische oder kulturelle Distanz haben. Zwei Prinzipien spielen bei der Entschlüsselung von Texten eine besondere Rolle: das Verhältnis von Detail und Ganzem und das Verhältnis von Text und Kontext.

Das Verhältnis von Detail und Ganzem besagt, dass man ein Verständnis von einzelnen Textpassagen nur gewinnen kann, wenn man den Gesamttext versteht und umgekehrt, dass man den Gesamttext nur verstehen kann, wenn man die einzelnen Teile kennt. Es ist also ein abwechselndes Lesen nötig, das sich zunächst einen Überblick verschafft, um daraus eine erste Zusammenfassung des Textes zu gewinnen. In einem zweiten Schritt sind die einzelnen Textpassagen durchzuarbeiten, um die Details im Lichte der Gesamtbedeutung des Textes zu interpretieren. Dabei bedingt die Detailsicht die Gesamtsicht ebenso, wie die Gesamtsicht das Detail verstehen hilft.

Das zweite Verhältnis ist das von Text und Kontext. Der Text ist gegen konkurrierende Texte zu lesen und in den fachlichen und historischen Rahmen einzubetten. Jeder Text greift etwas auf, das kontextspezifisch ist und bringt etwas ein, das dem Kontext zuwiderläuft. Viele Texte versuchen, eine neue Sicht gegen andere zur Geltung zu bringen oder verteidigen eine etablierte Sicht gegen Neuerer.

Für das Textverständnis wichtig ist die Rekonstruktion der Aussagen und ihrer Struktur. Hier ist zunächst zu berücksichtigen, welche Art von Text man vorliegen hat. Jede Textart fußt auf unterschiedlichen Darstellungseinheiten, die für die Rekonstruktion herangezogen werden müssen.

(aus: Kruse 2010, S. 37–38)

b **Suchen Sie im Text die Erklärungen zu der folgenden Aussage und ergänzen Sie die Übersicht mit Ihren eigenen Worten.**

„Zwei Prinzipien spielen bei der Entschlüsselung von Texten eine besondere Rolle:"

1. Prinzip:	2. Prinzip:
Verhältnis von Detail und Ganzem: Es bedeutet, dass ...	

c **Wo werden Bedingungen im Text formuliert? Wie wird es sprachlich umgesetzt?**

d **Wo wird eine Folge von Handlungen vorgeschlagen, eine Schrittfolge des Lesens? Wie wird das sprachlich herausgestellt?**

e **Wo werden Notwendigkeiten formuliert? Wie werden diese sprachlich ausgedrückt?**

f **Markieren Sie mit Pfeilen die Bezüge der unterstrichenen Wörter.**

g **Ordnen Sie die unterstrichenen Verweiswörter in die Tabelle ein.**

> **// TEXTBAUPLAN //** Wenn Sie Schwierigkeiten haben, einen Text zu verstehen, kann es hilfreich sein, sich die logische Struktur des Textes zu visualisieren.

> **// VERWEISWÖRTER //** Diese Wörter sorgen u.a. dafür, dass aus einzelnen Sätzen ein Text wird. Sie können sich auf Wörter bzw. Elemente beziehen, die vor dem Verweiswort stehen (= Rückverweis) oder auf Wörter bzw. Elemente, die erst später im Text kommen (= Vorverweis). Gleichzeitig strukturieren sie einen Text so, dass dieser eine logische Struktur erhält. (➔ Band 2: Wissenschaftlich arbeiten und schreiben, Argumentation)

Rückverweise	Vorverweise
das	nur

4 Metakommunikation

> **// FUNKTION UND UMSETZUNG VON METAKOMMUNIKATION //** Die Metakommunikation erleichtert den Lesenden die Orientierung in Texten. Das kann mittels Sprache (Floskeln, Teilsätze, ganze Sätze sowie Ober- und Unterbegriffe) oder durch graphische Elemente und Satzzeichen geschehen.

a Finden Sie im Text alle Elemente der Metakommunikation, die in der Tabelle aufgelistet sind. Notieren Sie sie mit der Zeilennummer.

Precire ist ein computergesteuertes, psycholinguistisches Analyseverfahren; es untersucht die Sprechweise von Menschen und zieht daraus Rückschlüsse auf psychische Erkrankungen, z.B. Depression. Zunächst wird eine 15-minütige Audioaufnahme eines Menschen angefertigt. Diese wird dann per Hand transkribiert, d.h. wortgetreu protokolliert. Die Transkripte werden anschließend ausgewertet, indem die Software *Precire* sie mit den Daten einer Vergleichsgruppe abgleicht. Das Verfahren wird also in drei Schritten vollzogen.

Die Vergleichsgruppe setzt sich zusammen aus 5.000 repräsentativ ausgewählten Menschen, die sich mehreren psychologischen Tests unterzogen haben. Der Vergleich von Individuen mit einer repräsentativen Gruppe, um Störungen oder Persönlichkeitsmerkmale zu finden, ist in der Psychologie üblich (ungeachtet der methodologischen Probleme).

Untersucht werden 200 bis 300 geeignete sprachliche Merkmale, von denen angenommen wird, dass sie Indikatoren – anders gesagt Anzeiger – für psychische Erkrankungen sind.

Elemente der Metakommunikation	Beispiele im Text
1 Floskeln: Wo wird eine formelhafte Redewendung hinzugefügt?	Zeile 12: anders gesagt
2 Teilsätze: Wo wird eine Umschreibung für ‚transkribieren' nachgeliefert?	
Wo wird eine Erläuterung für Fachfremde bzw. Laien gegeben?	
3 Ganze Sätze: Wo wird eine Beschreibung um einen zusammenfassenden Satz ergänzt?	
4 Oberbegriff: Wo wird ein Oberbegriff zu dem Eigennamen Precire hinzugefügt?	
5 Unterbegriff: Wo wird ein Beispiel für psychische Erkrankungen gegeben?	
6 Graphische Elemente / Satzzeichen: Welches grafische Element wird für eine kritische Einfügung verwendet?	
Welches Satzzeichen steht vor einer Erklärung und hat eine stärkere Wirkung als ein Komma?	

> // **WEGWEISER** // Beim Erschließen von Texten helfen Ihnen die sprachlichen und grafischen Hinweise, welche die Autor_innen in ihrem Text platziert haben. Allerdings gibt es große Abweichungen von Text zu Text, abhängig vom Schreibstil der jeweiligen Autor_innen, aber auch von der Art des wissenschaftlichen Werkes. Die Metakommunikation ist in Lehrbüchern deutlich ausgeprägter als beispielsweise in Fachartikeln.

b Lesen Sie die „Hit-Liste“ unter Aufgabe 4c. Welche Aussagen über die in der deutschen Wissenschaftssprache typische Metakommunikation werden dort getroffen?

c Wählen Sie einen Text in einer anderen Ihnen vertrauten Wissenschaftssprache. Identifizieren Sie für eine Textseite alle Elemente der Metakommunikation. Was kann als typisch für Ihren Textausschnitt gelten? Füllen Sie die Tabelle aus. Vergleichen Sie Ihre Ergebnisse mit denen der anderen.

Hit-Liste	Deutsch als Wissenschaftssprache	Hit-Liste	.... als Wissenschaftssprache
Platz 1: grafische Elemente	Semikolon, Doppelpunkt und Klammern werden sehr häufig verwendet.		
Platz 2: Ober- und Unterbegriffe	Sie werden sehr häufig verwendet.		
• • •			
Platz 14: ganze Sätze und Teilsätze	Eine Aussage auf eine andere Art und Weise zu wiederholen, ist nur in Texten mit didaktischer Funktion üblich.		
ohne Platz auf der Hit-Liste: Floskeln	Floskeln gelten als überflüssig und sollten vermieden werden.		

> // **KONTRASTIVE PERSPEKTIVE** // In deutschen Texten von französischsprachigen Nachwuchswissenschaftler_innen finden sich viele Floskeln wie *grob gesagt … genauer gesagt / damit meine ich / konkret plane ich / dabei wird konkret hinterfragt / speziell / und zwar / einfacher gesagt / nämlich / es handelt sich um … oder noch mehr um …* Die Verfasser_innen haben das, was für das Französische typisch ist, direkt ins Deutsche übertragen. Das sollten Sie in Ihren Texten vermeiden. Jede Wissenschaftssprache hat ihre Eigenheiten – auch hinsichtlich der Metakommunikation.

5 Logische Struktur: Konnektoren

// FLIESSENDE ÜBERGÄNGE ZWISCHEN METAKOMMUNIKATION UND LOGISCHER STRUKTUR // In der „Hit-Liste" in Aufgabe 4c haben Sie bereits erfahren, dass in der deutschen Wissenschaftssprache ausgewählte Satzzeichen sowie Ober- und Unterbegriffe häufiger verwendet werden als wiederholende Teilsätze und ganze Sätze sowie Floskeln. Das liegt daran, dass Satzzeichen ebenso wie Ober- und Unterbegriffe einen Text strukturieren, was Teilsätze, ganze Sätze und Floskeln nicht leisten. Letztere werden daher als verzichtbar angesehen. In der deutschen Wissenschaftssprache ist die Metakommunikation funktional (vgl. Pohl 2007: 394). Sie steht also im Dienst der logischen Struktur eines Textes.

a Lesen Sie den Text. Markieren Sie Sätze oder Satzteile, die die logische Struktur des Textes betreffen: Wo wird eine zeitliche Abfolge benannt, wo werden Begründungen gegeben, Bedingungen angeführt, Folgen aufgezeigt, Aussagen kontrastiert? Notieren Sie am Rand.

Precire ist ein computergesteuertes, psycholinguistisches Analyseverfahren; es untersucht die Sprechweise von Menschen und zieht daraus Rückschlüsse auf psychische Erkrankungen, z. B. Depressionen. Zunächst wird eine 15-minütige Audioaufnahme eines Menschen angefertigt. Diese wird dann per Hand transkribiert, d. h. wortgetreu protokolliert. Die Transkripte werden anschließend ausgewertet, indem die Software *Precire* sie mit den Daten einer Vergleichsgruppe abgleicht. Das Verfahren wird also in drei Schritten vollzogen.

zeitliche Abfolge

Die Vergleichsgruppe setzt sich zusammen aus 5.000 repräsentativ ausgewählten Menschen, die sich mehreren psychologischen Tests unterzogen haben. Der Vergleich von Individuen mit einer repräsentativen Gruppe ist in der Psychologie (ungeachtet der methodologischen Probleme) üblich. Dadurch werden Störungen oder Persönlichkeitsmerkmale herausgefiltert.

Untersucht werden 200 bis 300 geeignete sprachliche Merkmale, von denen angenommen wird, dass sie Indikatoren – anders gesagt Anzeiger – für psychische Erkrankungen sind.

Die Firma, welche die Software *Precire* entwickelt hat, führt bereits Gespräche mit Arbeitgebern. Diese sind an der Software interessiert, da sie ihnen ganz neue Möglichkeiten bei der Neubesetzung von Stellen eröffnet. Indem sie dieses Diagnoseverfahren anwenden, können sie vermeiden, Menschen mit psychischen Erkrankungen einzustellen. In den vergangenen Jahren stieg die Zahl der Arbeitnehmer_innen, die unter psychischen Erkrankungen, insbesondere Depressionen, leiden, stetig an. Infolgedessen sind die Unternehmen mit steigenden Krankmeldungen konfrontiert. Während die Arbeitgeber erwartungsgemäß die ökonomischen Vorteile betonen, kritisieren Datenschützer die problematischen Implikationen von *Precire*, sodass bislang nicht sicher ist, ob *Precire* jemals im Personalwesen von Unternehmen zum Einsatz kommen wird.

// KONNEKTOREN // Texte sind in einer logischen Struktur aufgebaut. Diese Struktur können Sie zuallererst anhand der Konnektoren entschlüsseln. Konnektoren sind auf der Ebene der Syntax angesiedelt, durch sie werden Sätze oder Satzteile miteinander verknüpft. Es handelt sich hier vor allem um Konjunktionen, aber auch Adverbien und Partikeln können die Funktion von Konnektoren haben.

b Unterstreichen Sie alle Konnektoren im Text aus Aufgabe 5a. Ordnen Sie diese den unterschiedlichen Kategorien zu.

Konnektoren	Beispiele im Text
temporal (Chronologie):	Zunächst
konditional (Bedingung):	
final (Zweck):	
konsekutiv (Folge):	
kausal (Begründung):	
adversativ (Entgegensetzung):	
instrumental (Mittel):	
konzessiv (Gegengrund):	

c Ergänzen Sie die Tabelle um die folgenden Ausdrücke.

falls • gleichwohl • dagegen • obgleich • damit • wenn • jedoch • wohingegen • dadurch • vorausgesetzt

d Welcher Konnektor passt in welchen Satz? Ordnen Sie zu.

indem • infolgedessen • nichtsdestotrotz • vorausgesetzt • ehe / bevor • wohingegen • da

1 ______ die Herstellerfirma von *Precire* nimmt die Bedenken von Datenschützern ernst, könnte es zu einer Einigung kommen. *(konditional)*

2 Arbeitnehmer sind an der Software sehr interessiert, ______ Datenschützer berechtigte Einwände gegen ihren Einsatz haben. *(adversativ)*

3 Der Einsatz von *Precire* begünstigt Datenmissbrauch. ______ protestieren die Datenschützer. *(konsekutiv)*

4 ______ eine repräsentative Vergleichsgruppe herangezogen wurde, konnte die Aussagekraft von *Precire* verbessert werden. *(instrumental)*

5 ______________________ die Bedenken der Datenschützer berechtigt sind, zeigt sich die Herstellerfirma verhandlungsbereit. *(kausal)*

6 Die Software *Precire* kommt bei Stellenbesetzungen zum Einsatz. ______________________ haben Datenschützer Bedenken. *(konzessiv)*

7 ______________________ es zu einer Einigung kommen kann, muss *Precire* die Bedenken der Datenschützer ernst nehmen. *(temporal)*

e Bringen Sie wieder Ihren Text mit, den Sie für die Aufgabe 2c im Kapitel Leseverständnis im Kurs besprochen haben. Lesen Sie diesen erneut hinsichtlich seiner logischen Struktur. Markieren Sie die Konnektoren. Stellen Sie die logische Struktur Ihres Textes anschließend im Kurs kurz vor.

f Schätzen Sie ein: Wie aufmerksam nehmen Sie die logische Struktur eines Textes wahr? Wenn Sie damit Probleme haben, sollten Sie beim Lesen besonders auf Konnektoren achten und diese markieren, um die logische Struktur des Textes sichtbar zu machen.

// ABKÜRZUNGEN UND GRAFISCHE HILFESTELLUNGEN //

Während des Lesens können Sie in den Texten Wörter durch Markierungen oder Unterstreichungen hervorheben, Sie können Kommentare in den Text schreiben oder an den Rand, um z. B. den inhaltlichen Aufbau schneller zu erfassen oder um sich die funktionale Struktur eines Textes deutlicher zu machen. Ebenso kann man Stellen im Text markieren, die noch unklar sind, mit denen man nicht einverstanden ist oder die man später diskutieren möchte.

Folgende Zeichen eignen sich gut (Sie können auch Ihr eigenes System entwickeln):

+	gut	Th.	These
?	unklar	E.	Einwand
!	wichtig	Def.	Definition
-	kritisieren	W.	Widerlegung
A	Argument		

(vgl. Brun / Hirsch Hadorn 2009, S. 35 ff.)

g Bearbeiten Sie den Text in Aufgabe 5a, indem Sie Wichtiges hervorheben, kommentieren und Notizen an den Rand schreiben. Vergleichen Sie im Kurs.

Das Schreiben vorbereiten

1 Exzerpieren

> // **EXZERPTE** // Auszüge aus Texten werden ‚Exzerpte' genannt. In Exzerpten werden Fachbegriffe notiert, wichtige Textstellen wörtlich oder sinngemäß aufgeschrieben und kommentiert. Mit Exzerpten bereiten Sie Ihr eigenes Schreiben vor. Unterscheiden Sie exakt zwischen abgeschriebenen und selbst formulierten Passagen, um unbeabsichtigte Plagiate zu vermeiden (➔ Band 2, Kap. B).

a Schreiben Sie eine Checkliste: Bringen Sie die einzelnen Schritte zur Anfertigung eines Exzerpts in eine sinnvolle Reihenfolge. Es gibt mehrere Möglichkeiten.

Angaben zu dem vornehmen, was Sie nicht gelesen haben • Hauptaussagen des Textes in eigenen Worten formulieren • eigene Kommentare und Überlegungen ergänzen • Hinweise zu Tabellen und Abbildungen notieren, die Sie verwenden möchten • gezielt lesen • zentrale Begriffe und deren Definition herausfiltern • eigene Fragen an den Text aufschreiben • sich grob im Text orientieren • Informationen gezielt verarbeiten durch Anfertigung von Randnotizen • aussagekräftige wörtliche Zitate herausschreiben • ~~Titel sowie Unterüberschriften lesen~~ • Seitenangaben notieren • Informationen entsprechend der eigenen Fragen an den Text neu gliedern

b **Lesen Sie den Text auf der nächsten Seite. Markieren Sie Wichtiges, unterstreichen Sie Fachbegriffe. Notieren Sie anschließend in der rechten Spalte Stichwörter für die sprachlichen Handlungen der Autoren.**

c **Wie ist der Text aufgebaut? Kreuzen Sie an.**

☐ linear ☐ kontrastierend

// DAS WICHTIGE IDENTIFIZIEREN //

Arbeiten Sie abschnittsweise bzw. pro Texteinheit: Finden Sie das Thema jeder Einheit heraus. Notieren Sie jeweils die Kernaussage sowie die Seitenangabe.

d **Wie wird das sprachlich gemacht? Notieren Sie Wörter, die Ihnen den Textaufbau anzeigen.**

____

____

e **Füllen Sie die Vorlage für ein Exzerpt aus: Notieren Sie die wichtigsten Informationen, beschreiben Sie dabei die Handlungen der Autoren. Geben Sie die logische Struktur (Textaufbau) in Ihren Notizen wieder. Ergänzen Sie diese Angaben um eigene Kommentare, Gedanken, Fragen und Schlussfolgerungen.**

Bibliografische Angabe: Lieber, M. / Posset, J. (1988): Texte schreiben im Germanistik-Studium, Iudicium Verlag GmbH, München, S. 27–28.

Absatz-nr.	Zentrale Aussagen	Kommentare
1	Einerseits halten Autoren Schreiben in der Fremdsprache (FS) für komplizierter als in der Erstsprache (ES). Fünf Gründe:	
3		
4		
5		Was sind „kognitive Automatismen"?
6		
7		
8	Andererseits relativieren die Autoren diese Aussagen. Hinweis: Trifft i.d.R. für ______________ zu.	

Textauszug	Handlungen der Autoren
Das Schreiben in einer Fremdsprache ist eine Tätigkeit, die einerseits komplizierter, andererseits einfacher ist als das Schreiben in der Erstsprache (...). Es gibt Gründe dafür anzunehmen, dass für das Schreiben in einer Fremdsprache insgesamt anderer Regularitäten gelten als für das Schreiben in der Erst- oder Zweitsprache (damit ist eine „frei beherrschte" zweite Sprache gemeint): Es könnte sein, dass das Schreiben in der Fremdsprache sehr viel stärker vom Einfluss der gesprochenen Sprachform geprägt ist, als dies beim Schreiben in der Erstsprache (bzw. der Zweitsprache) der Fall ist [...].	Formulieren einer Feststellung
Das Schreiben in einer Fremdsprache ist komplizierter insofern, als die bereits erworbene Fähigkeit des Schreibens erheblich modifiziert, erweitert und angepasst werden muss:	
• weil die Beherrschung der Fremdsprache zunächst einmal lückenhaft und entwicklungsbedürftig ist,	
• ein anderes Sprachsystem zu schreiben ist, in dem die Beziehungen zwischen gesprochener und geschriebener Sprachform normalerweise auf andere Weise geregelt sind als in der Erstsprache,	
• die kognitiven Automatismen, die für die Erstsprache gelten, in der Zweitsprache oft anders funktionieren, d. h. dass der Schreiber der Fremdsprache sich zunächst einmal Differenzen bewusst machen und neue Automatismen, die von den ersterworbenen säuberlich zu trennen sind, entwickeln muss,	Was ist das genau?
• weil sich das Schriftsystem von Erst- und Fremdsprache unterscheiden, müssen andere motorische Routinen entwickelt werden (d. h. Chinesen, Araber, Japaner oder Koreaner, die das Deutsche zu schreiben lernen, müssen die Feinmotorik ihrer Hand, ihres Armes und ihrer Augen systematisch neu trainieren und allmählich ein zweites motorisches System des Schreibens entwickeln),	
• die pragmatischen, sozialen und stilistischen Konventionen des Schreibens sich von Sprache zu Sprache unterscheiden.	
Andererseits ist das Schreiben in einer Fremdsprache dann einfacher, wenn die Person, deren fremdsprachliche Schreibbemühungen zu betrachten sind, in ihrer Erstsprache bereits schreiben kann, weil sie das Grundprinzip des Schreibens, nämlich die Fixierung sprachlicher Formen und sprachlicher Bedeutungen in der geschriebenen Sprachform, bereits beherrscht. Das ist bei den Schreibern, mit denen man im DaF-Bereich zu tun hat, fast immer der Fall.	

(aus: Lieber / Posset 1988, S. 27–28; ohne Fußnoten wiedergegeben)

2 Zusammenfassen

a Um den / die Verfasser_in von Texten anzugeben, stehen Ihnen bestimmte Präpositionen zur Verfügung. Ergänzen Sie die grammatischen Informationen (Kasus, Position im Satz) zu den folgenden Präpositionen:

zufolge: ______________________

laut: ______________________

nach: ______________________

> **// ZUSAMMENFASSUNGEN //**
> Bei einer Zusammenfassung gehen Sie einen Schritt weiter als beim Exzerpt: Sie formulieren einen zusammenhängenden Text mithilfe der Informationen, die Sie aus dem Text gefiltert haben und fassen die für Sie wichtigsten Aussagen zusammen. Diese Zusammenfassungen können Sie an entsprechenden Stellen in Ihren eigenen Texten verwenden.

b Formulieren Sie den folgenden Satz jeweils mit den Präpositionen aus Aufgabe 2a.

Das Schreiben in einer Fremdsprache ist zum einen schwieriger, zum anderen einfacher als in der Erstsprache (Lieber / Posset 1988: 27).

Lieber / Posset (1988: 27) zufolge ist …

____

____

c Indirekte Rede: Lesen Sie den Infokasten und ergänzen Sie dann die Formen in der Tabelle.

> **// INDIREKTE REDE //** Für die Wiedergabe von Aussagen anderer Autor_innen gelten folgende Regeln:
>
> - Auffassungen anderer werden üblicherweise im Konjunktiv I wiedergegeben. Ist dieser aber identisch mit dem Indikativ Präsens (→ Plural) wird auf den Konjunktiv II ausgewichen. Die Ersatzform mit „würde-" ist nicht schriftsprachlich und sollte nur dann verwendet werden, wenn die Form des Konjunktiv I ungebräuchlich ist.
>   Beispiele: *dies stelle Veränderungen dar* (Sg.), *sie stellten Veränderungen dar* (Pl.); *sie schlössen daraus, dass …* (ungebräuchlich) – *sie würden daraus schließen, dass …*
> - Eine Ausnahme ist das Verb *sein* (eigene Formen): ich sei, du sei(e)st, er / sie / es sei, wir seien, ihr seiet, sie seien
> - In der Vergangenheit wird auf das Perfekt zurückgegriffen, die Hilfsverben *sein* und *haben* werden in den Konjunktiv I / II gesetzt.
>   Beispiele: *es sei nicht dazugekommen; er habe veranlasst, … durchzuführen*
> - Im Passiv wird nur das Hilfsverb *werden* in den Konjunktiv I (Sg.) / Konjunktiv II (Pl.) gesetzt.
>   Beispiele: *es werde alles unternommen; diese Feststellungen würden belegt durch …*
> - Bei den Modalverben wird nur das jeweilige Modalverb in den Konjunktiv I (Sg.) oder II (Pl.) gesetzt.
>   Beispiele: *es müsse davon ausgegangen werden; es könne nicht belegt werden*

Indikativ	Konjunktiv – Gegenwart	Konjunktiv – Vergangenheit
es geht um das Thema ...	es gehe um das Thema ...	es sei um das Thema ... gegangen
sie kommen zu dem Ergebnis ...		
sie nimmt an, dass...		
sie stellt fest, dass ...		
es ist ursächlich		
es wird ausgeführt, dass ...		
es ist zu hinterfragen, ...		
Einwände werden erhoben		
es muss angemerkt werden, dass ...		
es soll dargestellt werden, ...		

d Ersetzen Sie in den Sätzen die unterstrichenen Verben durch die entsprechende Form des Konjunktiv I.

1 Lieber / Posset (1988: 27) betrachten das Schreiben in einer Fremdsprache als eine Tätigkeit, die zum einen komplizierter, zum anderen einfacher ist als das Schreiben in der Erstsprache (...).

Lieber / Posset (1988: 27) betrachten das Schreiben in einer Fremdsprache als eine Tätigkeit, die zum einen komplizierter, zum anderen einfacher sei als das Schreiben in der Erstsprache (...).

2 Es gibt Gründe für die Annahme, dass das Schreiben in einer Fremdsprache insgesamt anderen Regularitäten unterliegt als das Schreiben in der Erst- oder Zweitsprache.

3 Das Schreiben in einer Fremdsprache kann deshalb als komplizierter beschrieben werden, da die bereits erworbene Fähigkeit des Schreibens erheblich modifiziert, erweitert und angepasst werden muss.

e Eine Zusammenfassung schreiben: Schreiben Sie eine Zusammenfassung des Textes auf S. 135. Gehen Sie dabei wie folgt vor:

Checkliste für Zusammenfassungen

1. Text gründlich lesen und bearbeiten (Anmerkungen, Unterstreichungen, Notizen, wichtiges Vokabular notiert, ...);
2. Schreiben einer ersten Zusammenfassung, am besten ohne noch einmal in den Text zuschauen;
3. Vergleichen des Entwurfs mit dem Originaltext;
4. Überarbeitung – inhaltlich / logisch (Inhalt, Aufbau, Argumentation,) und sprachlich (grammatische und orthografische Fehler, sprachlicher Abstand zum Originaltext)

// MIT EXZERPTEN UND ZUSAMMENFASSUNGEN WEITERARBEITEN //

Exzerpte und Zusammenfassungen lassen sich als Worddateien, aber auch in Literaturverwaltungsprogrammen (z. B. Citavi, Endnote, Lidos und RefWorks) speichern. Wenn Sie eine eigene größere Studienarbeit verfassen müssen, können Sie Ihre Exzerpte bereits den einzelnen geplanten Kapiteln Ihres Textes zuordnen.

Um sich auf eine Prüfung vorzubereiten, können Sie Ihre Notizen als mp3-Datei aufnehmen und sich diese anhören, z. B. wenn Sie unterwegs sind. Durch das Hören aktivieren Sie andere Bereiche Ihres Gehirns und lernen die Inhalte noch auf einem anderen Weg als nur über das Lesen. Viele Hochschulen bieten Vorlesungen als Podcasts an.

TEST

a Lesen Sie den Text und unterteilen Sie ihn dabei in einzelne Sinnabschitte.

b Markieren Sie alle Redemittel der Metakommunikation und der Argumentation. Entschlüsseln und notieren Sie deren Bedeutung.

c Analysieren Sie die Satzbezüge: Welche Sätze schließen direkt aneinander an? Wo finden Sie einen Rückbezug, der mehrere Sätze überspringt?

d Reduzieren Sie den Text auf seine Hauptaussagen, indem Sie die zentrale Aussage jedes Abschnitts in eigenen Worten und in einem Satz wiedergeben.

e Schreiben Sie auf dieser Grundlage eine Zusammenfassung.

f Überarbeiten Sie Ihre Zusammenfassung, indem Sie die einzelnen Aussagen paraphrasieren.

g Kommentieren Sie ausgewählte Aussagen.

Die Bundesrepublik Deutschland hat 2009 die Behindertenrechtskonvention der Vereinigten Nationen ratifiziert. Mithin sollen Kinder mit Handicap nicht mehr an Förderschulen, sondern an regulären Schulen unterrichtet werden. Die Inklusion ist somit zum Leitmotiv moderner Unterrichtsgestaltung geworden. Entgegen diesem bildungspolitischem Anspruch meinen 41 Prozent der Lehrkräfte, Kinder mit Behinderung sollten auf eine spezielle Förderschule gehen – so das Ergebnis einer Forsa-Umfrage. Diese Einschätzung resultiert u. a. aus der alt hergebrachten Praxis, die Schülerinnen und Schüler in Leistungsklassen und Schulformate zu separieren. Im Gegensatz dazu bedeutet Inklusion, die Kinder und Jugendlichen im Klassenverbund ihren Anforderungsprofilen entsprechend zu unterrichten. Dass sich der Wandel so schwerfällig vollzieht, ist zudem dem Umstand geschuldet, dass die Mehrheit der Lehrkräfte über keine sonderpädagogischen Kenntnisse verfügt und keine einschlägigen Weiterbildungen in Anspruch nimmt. Erschwerend kommt hinzu: Wer bereits inklusive Klassen unterrichtet, erhält zu wenig zusätzliche Vorbereitungszeit, die jedoch erforderlich wäre, um den hohen Ansprüchen an einen inklusiven Unterricht gerecht werden zu können. Bildungspolitische Akteure sehen viel Handlungsbedarf, um das Konzept der Inklusion im Schulsystem zu verankern. Gerade im Hinblick auf die Kinder mit geistiger Behinderung sind noch massive Vorbehalte zu überwinden. Beispielgebend ist hier die Bildungspolitik der skandinavischen Länder.

TABUFRAGE

Wie viel Literatur muss ich lesen,
bis ich schreiben darf?

WIEDERHOLUNG DES SELBSTTESTS

Wiederholen Sie den Selbsttest für Deutsch als Wissenschaftssprache. Vergleichen Sie anschließend beide Tests und bewerten Sie Ihren Lernerfolg.

	Stärken	Schwächen
Kontext-wissen	Aus folgenden Gründen werden Quellen zitiert:	☐ Ich weiß nicht, warum Quellen zitiert werden.
	Das kann ich mit den folgenden wissenschaftlichen Werken für mein eigenes Studium anfangen: Monografie: Sammelband: Memorandum:	☐ Mir weiß nicht, was ich mit Monografie, Sammelband und Memorandum für mein eigenes Studium anfangen kann.
Lesever-ständnis	Ich bin mir bewusst, auf welchen Ebenen ich mein Leseverständnis verbessern kann: ☐ Wortschatz ☐ Grammatik ☐ Textzusammenhänge ☐ logische Struktur ☐ Lesestil	Ich weiß nicht, auf welchen Ebenen meine Probleme liegen.
Lese- und Schreib-praxis	☐ Mir ist klar, wozu ich einen Text lese und welche Fragen ich an ihn habe. ☐ Vor dem Lesen mache ich mir Notizen.	☐ Mir ist nicht immer klar, wozu ich einen Text lese und welche Fragen ich an ihn habe. ☐ Vor dem Lesen mache ich mir keine Notizen.
	☐ Auch über komplex argumentierende Originaltexte kann ich mir einen Gesamtüberblick verschaffen.	☐ Bei komplex argumentierenden Originaltexten fehlt mir bis zum Schluss der Gesamtüberblick, weil ich Satz für Satz und nicht Abschnitt für Abschnitt bearbeite.
	☐ Auch bei schwierigen Originaltexten erfasse ich die Hauptaussagen.	☐ Bei schwierigen Originaltexten erfasse ich die Hauptaussagen nicht.
	☐ Ich kann mich von den Originaltexten lösen und in eigenen Worten wiedergeben, worum es geht.	☐ Ich kann mich nicht von den Originaltexten lösen und in eigenen Worten wiedergeben, worum es geht.

Literaturhinweise

1 Wissenschaftliche Literatur

Bimmel, Peter / Rampillon, Ute (2000): Lernerautonomie und Lernstrategien (Fernstudieneinheit 23). Berlin/München: Langenscheidt.

Brun, Georg / Hirsch Hadorn, Gertrude (2009): Textanalyse in den Wissenschaften. Inhalte und Argumente analysieren und verstehen. UTB: Stuttgart.

Ehlich, Konrad (1993): Deutsch als fremde Wissenschaftssprache. In: Jahrbuch Deutsch als Fremdsprache Bd. 19. München: Iudicium, 13–42.

Fandrych, Christian (2006): Bildhaftigkeit und Formelhaftigkeit in der allgemeinen Wissenschaftssprache als Herausforderung für Deutsch als Fremdsprache. In: Ehlich, Konrad / Heller, Dorothee (Hg.) Die Wissenschaft und ihre Sprachen. Bern: Lang, 39–61.

Fink, Julia (2008): Informationskompetenz bei der Suche nach wissenschaftlichen Quellen. Eine empirische Studie unter Studierenden der Universität Augsburg. Bachelorarbeit abrufbar unter: *websquare.imb-uni-augsburg.de/files/BA_JFink_2008_w.e.b.Square.pdf*

Fischer, Bettina / Kopp, Birgitta (2007): Evaluation of a Western training concept for further education in China. In: Interculture Journal 4, 57–75. Abrufbar unter: http://www.interculture-journal.com/index.php/icj/article/view/61

Graefen, Gabriele (2000): Einführung in den Gebrauch der Wissenschaftssprache. In: Wolf, Armin / Winters-Ohle, Elmar (Hg.) Wie schwer ist die deutsche Sprache wirklich? (Materialien Deutsch als Fremdsprache, Band 58). Regensburg: FaDaF, 191–219.

Graefen, Gabriele / Moll, Melanie (2011): Wissenschaftssprache Deutsch: lesen – verstehen – schreiben. Ein Lehr- und Arbeitsbuch, Frankfurt a. M.: Peter Lang.

Heringer, Hans Jürgen (2009): Valenzchunks. Empirisch fundiertes Lernmaterial. München: Iudicium Verlag.

Hofstede, Geert / Hofstede, Jan Gert (1997): Lokales Denken, globales Handeln.

Interkulturelle Zusammenarbeit und globales Management. München: dtv Verlag.

Kruse, Otto (1995): Keine Angst vor dem leeren Blatt. Ohne Schreibblockaden durchs Studium, Frankfurt a.M.: Campus Verlag.

Luo, Xun / Kück, Sebastian (2011): Gibt es Lernstile, die kulturspezifisch sind? Eine interkulturelle Annäherung an das Lernstilkonzept anhand einer vergleichenden Untersuchung am Bespiel deutscher und chinesischer Studenten. In: Interculture Journal 15, 37–62. Abrufbar unter: http://www.interculture-journal.com/index.php/icj/issue/view/26

Meißner, Cordula (2009): Figurative Verben in der alltäglichen Wissenschaftssprache des Deutschen. Eine korpuslinguistische Pilotstudie. In: Journal of Applied Language Studies, 3(1), 93–116. Abrufbar unter: apples.jyu.fi/ArticleFile/download/91

Pohl, Thorsten (2007): Studien zur Ontogenese wissenschaftlichen Schreibens. Tübingen: Max Niemeyer.

Quinn, Naomi / Holland, Dorothy (1987): Culture and Cognition. In: Quinn, Naomi / Holland, Dorothy (Hg.) Cultural Models in Language and Thought. Cambridge: Cambridge University Press.

Schank, Roger / Abelson, Robert (1977): Scripts, Plans, Goals, and Understanding: An Inquiry into Human Knowledge Structure. Hillsdale: Lawrence Erlbaum.

Stiefenhöfer, Helmut (1986): Lesen als Handlung. Didaktisch-methodische Überlegungen und unterrichtspraktische Versuche zur fremdsprachlichen Lesefähigkeit. Weinheim: Beltz-Verlag.

Ueding, Gerd / Steinbrink, Bernd (1994): Grundriss der Rhetorik: Geschichte, Technik, Methode (3., überarb. und erw. Aufl.). Stuttgart u. a.: Metzler.

Westhoff, Gerard (1987): Didaktik des Leseverstehens. Strategien des voraussagenden Lesens mit Übungsprogrammen. München: Hueber.

2 Quellen für verwendete Texte, Beispiele und Übungen

Bänsch, Axel / Alewell, Dorothea (2013): Wissenschaftliches Arbeiten. München: Oldenbourg Verlag.

DAAD – Deutscher Akademischer Austauschdienst (Hg.) (2011): Willkommen in Deutschland! Wie Hochschulen den internationalen Nachwuchs erfolgreich integrieren. Beilage zur duz – Unabhängige Deutsche Universitätszeitung / Magazin für Forscher und Wissenschaftsmanager, 4–6.

DWDS: Das Digitale Wörterbuch der deutschen Sprache. Abrufbar unter: www.beta.dwds.de oder zwei.dwds.de

Fathy, Hebatallah (2010): Literatur als Kultur? Die Barocklyrik als Gegenstand einer kulturgeschichtlich ausgerichteten Auslandsgermanistik. In: Kramer, Andreas / Röhnert, Jan (Hg.) Literatur- Universalie und Kulturenspezifikum (Materialien Deutsch als Fremdsprache, Band 82). Göttingen: Universitätsverlag Göttingen, 39–54.

Groebner, Valentin (2012): Wissenschaftssprache. Eine Gebrauchsanweisung. Konstanz: Konstanz University Press.

Groebner, Valentin (2013): Ein Staubsauger namens Emotion. Geschichte und Gefühl als akademischer Komplex. In: Zeitschrift für Ideengeschichte, Heft VII / 3, 109–116.

Handwerker, Brigitte / Madlener, Karin (2009): Chunks für DaF. Theoretischer Hintergrund und Prototyp einer multimedialen Lernumgebung. Baltmannsweiler: Schneider Verlag Hohengehren.

Kaiser, Dorothee (2010): Wissenschaftliche Textsortenkompetenz für deutsche und internationale Studierende. In: Brandl, Heike / Duxa, Susanne / Leder, Gabriele / Riemer, Claudia (Hg.) Ansätze zur Förderung akademischer Schreibkompetenz an der Hochschule. (Materialien Deutsch als Fremdsprache, Band 83). Göttingen: Universitätsverlag, 11–26.

Keller, Gustav(2011): Lerntechniken von A–Z, Infos, Übungen, Tipps. Bern: Verlag Hans Huber .

Konrad, Klaus (2014): Lernen lernen – allein und mit anderen. Konzepte, Lösungen, Beispiele. Wiesbaden: Springer Fachmedien.

Kruse, Otto (2010): Lesen und Schreiben. Der richtige Umgang mit Texten im Studium. Wien: Huther & Roth / UTB.

Leonhardt, Rudolf Walter (1983): Auf gut deutsch gesagt, Berlin: Severin und Siedler.

Lorenzo, George / Oblinger, Diana / Dziuban Charles (2006): How choice, co-creation, and culture are changing what it means to be net savvy (ELI Paper 4, Educause Learning Initiative). Abrufbar unter: https://net.educause.edu/ir/library/pdf/ELI3008.pdf

Luo, Xun / Kück, Sebastian (2011): Gibt es Lernstile, die kulturspezifisch sind? Eine interkulturelle Annäherung an das Lernstilkonzept anhand einer vergleichenden Untersuchung am Bespiel deutscher und chinesischer Studenten. In: Interculture Journal 15, 37–62. Abrufbar unter: http://www.interculture-journal.com/index.php/icj/issue/view/26

Marcuse, Herbert (1965): Kultur und Gesellschaft. Band 2. Frankfurt a. M.: edition Suhrkamp.

Nothomb, Amélie (2010): Der japanische Verlobte. Zürich: Diogenes

Paland, Ines (2010): Unterstützung des akademischen Schreibens in der Fremdsprache Deutsch durch den Einsatz digitaler Medien. In: Brandl, Heike / Duxa, Susanne/ Leder, Gabriele / Riemer, Claudia (Hg.) Ansätze zur Förderung akademischer Schreibkompetenz an der Hochschule. (Materialien Deutsch als Fremdsprache, Band 83). Göttingen: Universitätsverlag, 155–166.

Reder, Anna (2011): Kommen Kollokationen in Mode? Kollokationskonzepte und ihre mögliche Umsetzung in der Didaktik. In: Linguistik online 47, 3/2011. Abrufbar unter: http://www.linguistik-online.de/47_11/reder.html

Reichholf, Josef H. (2001): Die Sammelleidenschaft des Menschen. In: Psychologie Heute, 04/2001 (zitiert nach TestDaF Modellprüfung 02_ LV 3, abrufbar unter: http://www.testdaf.de/zielgruppen/fuer-teilnehmende/vorbereitung/modellsaetze/modellsatz-02/leseverstehen/ms02-lv3/)

Richter, Ulrike A. (2010): Fakten schaffen. Eine Organisationsethnographie zur Konstruktion von Rationalität, Macht und Geschlecht. Dissertation abrufbar unter: http://archiv.ub.uni-marburg.de/diss/z2010/0119

Schmid, Wilhelm (1998): Philosophie der Lebenskunst. Eine Grundlegung. Frankfurt a. M.: Suhrkamp Verlag.

Schöpfer, Linus (2014): Die denkfaulen Studenten. Nächste Woche beginnt ein neues Semester. Dozentin Christiane Florin hat ein kritisches Buch über die heutigen Studenten geschrieben: Sie wüssten viel weniger als frühere Generationen und seien überangepasst. In: Tagesanzeiger Online, 12.09.2014. Abrufbar unter: http://www.tagesanzeiger.ch/kultur/buecher/Die-denkfaulen-Studenten/story/13634832

Shahadat, Schamma (2004): Das Leben zur Kunst machen. Lebenskunst in Russland vom 16. bis zum 20. Jahrhundert. Frankfurt a. M.: Fink.

Stiefenhöfer, Helmut (1986): Lesen als Handlung. Didaktisch-methodische Überlegungen und unterrichtspraktische Versuche zur fremdsprachlichen Lesefähigkeit. Weinheim: Beltz-Verlag.

Westhoff, Gerard (1987): Didaktik des Leseverstehens. Strategien des voraussagenden Lesens mit Übungsprogrammen. München: Hueber.

Bildquellenverzeichnis

17.1 Thinkstock (Jaim924), München; 17.2 Thinkstock (XiXinXing), München; 17.3 Fabian Heublein; 17.4 Thinkstock (Fuse), München; 17.5 Thinkstock (Goodshoot), München; 22.1 Shutterstock (TijanaM), New York; 22.2 Thinkstock (lukas_zb), München; 22.3 Thinkstock (lukas_zb), München; 22.4 Thinkstock (lukas_zb), München; 28.1 Fabian Heublein; 51 beta.dwds.de; 62.1 Fabian Heublein; 62.2 Fabian Heublein; 63-69 beta.dwds.de; 73.1 Shutterstock (OPOLJA), New York; 76.1 Shutterstock (Image Point Fr), New York; 92 beta.dwds.de; 110.1 Fotolia.com (Stefan Gräf), New York; 112.1 Shutterstock (wavebreakmedia), New York; 114.1 Shutterstock (Goodluz), New York; 116.1 Thinkstock (Jaim924), München; 116.2 Thinkstock (Fuse), München; 116.3 Thinkstock (XiXinXing), München; 116.4 Fabian Heublein , unbekannt; 117.1 Shutterstock (JMicic), New York